香港中文大學
中文系學術文庫

語言接觸視角下的
南寧粵語語法

郭必之————著

中華書局

圖書在版編目（CIP）數據

語言接觸視角下的南寧粵語語法/郭必之著. —北京：中華書局,2019.8
（香港中文大學中文系學術文庫）
ISBN 978-7-101-13936-5

Ⅰ.語…　Ⅱ.郭…　Ⅲ.粵語-語法-研究-南寧　Ⅳ.H178

中國版本圖書館 CIP 數據核字（2019）第 124895 號

書　　名　語言接觸視角下的南寧粵語語法
著　　者　郭必之
叢　書　名　香港中文大學中文系學術文庫
責任編輯　葛洪春
出版發行　中華書局
　　　　　（北京市豐臺區太平橋西里 38 號　100073）
　　　　　http://www.zhbc.com.cn
　　　　　E-mail：zhbc@ zhbc.com.cn
印　　刷　北京市白帆印務有限公司
版　　次　2019 年 8 月北京第 1 版
　　　　　2019 年 8 月北京第 1 次印刷
規　　格　開本/920×1250 毫米　1/32
　　　　　印張7¼　插頁4　字數 180 千字
國際書號　ISBN 978-7-101-13936-5
定　　價　55.00 元

中和依正道
文質煥貞徽

壬辰選

饒宗頤教授爲香港中文大學中國語言及文學系
系慶五十周年題字：“中和依正道，文質煥貞徽。”

香港中文大學本部校園百萬大道
圖片來源：香港中文大學資訊處

目　録

術語簡稱一覽表

1SG	第一人稱代詞單數
1PL	第一人稱代詞複數
2SG	第二人稱代詞單數
3SG	第三人稱代詞單數
3PL	第三人稱代詞複數
ADJ	形容詞
ADV	副詞
ASP	體標記
C	補語
CLF	量詞
CM	補語標記
COMP	比較標記
CONJ	連詞
Dd	指示趨向詞
Dp	路徑趨向詞
DQ	程度量化詞
EXP	經歷體標記
FOC	焦點
G	領屬語

IDEO	狀貌詞
LOC	處所
MAN	方式
N	名詞
NEG	否定詞
NP	名詞短語
NUM	數詞
O	賓語
PASS	被動標記
PFV	完整體
PC	動相補語
PERF	完成體
PP	介詞短語
PREP	介詞
PRT	助詞
R	結果補語
S	主語
TOP	話題標記
UQ	全稱量化詞
V	動詞
VP	動詞短語

第一章　作爲"語言區域"的廣西南寧[①]

　　"語言區域"（linguistic area）也被稱爲"語言聯盟"（sprachbund）、"擴散區域"（diffusion area）和"趨同區域"（convergence area）等，是歷史語言學和語言接觸研究裏其中一個核心課題。"語言區域"似乎很難給出清晰的定義（吳福祥 2013：131），但學者都認爲它至少具備以下幾個特點（參考 Aikhenvald & Dixon 2001；Thomason 2001；Campbell 2002；Heine & Kuteva 2005 等）：

　　（一）在同一個區域至少有三種語言在使用。那些語言要麼沒有發生學關係（genetic relationship），要麼在譜系上的距離都比較遠；

　　（二）區域内的語言共享一些結構特徵，而這種現象不能用發

---

①1956 年，Murray B. Emeneau 在 *Language* 雜誌上發表了"India as a linguistic area"一文，自始 "linguistic area"（語言區域）這個術語便廣爲學界所認識。筆者刻意把這一章訂名爲"作爲'語言區域'的廣西南寧"，表示我們有意追隨 Emeneau(1956)的研究方向。

生學關係、沿流（drift）①或平行演變等因素去解釋；②

　　（三）那些共享的特徵不常見於區域以外的語言中；

　　（四）相關語言有密切的接觸關係。

　　世界上有不少被詳細考察過的"語言區域"。研究語言接觸的專著，或多或少都會提到它們。這裏舉四個例子：

　　（一）歐洲巴爾幹半島（Balkan Peninsula）：區域内的語言包括希臘語、阿爾巴尼亞語、塞爾維亞—克羅地亞語、保加利亞語、羅馬尼亞語等。以上語言俱屬印歐語系，但分隸不同語族；

　　（二）印度次大陸：區域内的語言包括印度—雅利安語（Indo-Aryan，屬印歐語系）、達羅毗荼語系（Dravidian）語言、蒙達語（Munda，屬南亞語系），以及個别藏緬語；

　　（三）中美洲：區域内的語言包括納瓦特爾語（Nahuatl，屬猶他—阿兹特克［Uto-Aztecan］語系）、托托納克語系（Totonacan）語言、瑪雅語系（Mayan）語言、米塞—塞克語系（Mixe-Zoquean）語言等；

　　（四）東南亞：區域内的語言包括納壯侗語系語言、苗瑶語系語言、南亞語系語言、藏緬語族語言及部分漢語方言。③

―――――――――

① Sapir（1921：127－191）認爲：同語系的語言，會共享一些内部動力，使得它們在分開的情況下依然有相似的演變方向。這種現象被稱爲"沿流"。又見 Dixon（1997：14）。

② 只有四個因素，可以導致語言之間産生相似的結構：（一）發生學關係；（二）平行發展/巧合；（三）沿流；（四）語言接觸（參考 Dixon 1997：14－15；Aikhenvald 2006）。如果有證據排除（一）、（二）、（三）三個因素，那就只剩下語言接觸的可能了。

③ 有些學者認爲壯侗語、苗瑶語和漢藏語具發生學關係。這裏根據梅祖麟、龔煌城（1992）和龔煌城（2006）等人的意見，把它們視爲三個獨立的語系。

中國幅員廣袤,語言資源豐富且接觸頻繁,是研究語言接觸一扇重要的窗口。過去不少著作已經注意到漢語方言和民族語言之間接觸的事實,也發掘了不少生動的例子,但可能由於缺乏理論的支持,往往只流於"你中有我,我中有你"之類的描述,缺乏深入的解釋,這是非常遺憾的。在 2007 到 2013 年間,筆者得到資助,親身到廣西南寧、賓陽、壇洛、賀州等地進行了幾次漢語方言調查,收集了一些語料。這本小書可以算是調查的總結。① 這裏我把南寧地區視爲一個"語言區域",通過跨語言比較,配合新近的語法化(Heine & Kuteva 2002;Hopper & Traugott 2003 等)和語言接觸理論(Thomason 2001;Heine & Kuteva 2005 等),考察南寧粵語中一些特殊語法結構的形成問題,過程中也會旁及桂南平話和壯語的情況。需要強調的是:本書雖聚焦於南寧粵語,可是當中的論述也適用於其他邕潯片粵語方言(如百色粵語)。

南寧是廣西壯族自治區的首府,轄隆安、武鳴、馬山、上林、賓陽、橫縣六縣,總面積 2.21 萬平方公里,常住人口 666 萬(2010年)。南寧向來是多民族聚居的地方,原住民爲壯族。當地流行的語言(包括漢語方言)主要有五種:②

(一)粵語:南寧地區的粵語屬邕潯片粵語(Wurm et al. 1987),是當地的優勢語言,一般稱爲"白話"。邕潯片粵語只有一百多、兩百年的歷史,是由珠江三角洲一帶的移民帶到廣西中南部去的。它和廣府片粵語有相當密切的關係(Yue-Hashimoto 1988;李錦芳 2000;洪波 2004 等)。關於南寧粵語的形成過程,下

---

① 除特別標示者外,本文中所引述的南寧粵語、百色粵語及廣州/香港粵語語料,均採自田野調查。
② 本節參考了林亦、覃鳳余(2008:5—7)的論述。

文還會談到。

（二）平話：平話方言分桂北平話和桂南平話，南寧地區的平話屬桂南平話。它曾經是南寧地區的優勢語言，但現在已退居至市郊賓陽、橫縣等地。平話在漢語方言中到底處於什麼位置？學界還没達成共識，有幾種意見：一派以王福堂（2005：114）爲代表，認爲它是“漢唐以來從中原地區及湖湘等地進入廣西一帶的移民、商人、官吏、軍人所説的漢語，在少數民族語言以及後來其他漢語方言的環境中，經過長期發展而成的一種漢語方言”；另一派意見以麥耘（2010）爲代表，主張平話和粵語有一個共同的祖先——“早期粵語”。① 麥耘（2010）所指的“早期粵語”可以追溯至唐末（10 世紀），其後代語言包括現在所有粵語方言和平話方言。廣府片粵語所屬的一支和平話所屬一支早在宋代末年（13 世紀）就已經分裂。李連進（2005）的觀點比較特別。他不單認爲平話可以獨立處理爲一個方言區，還將粵語的勾漏片劃入平話之中。② 無論採用哪一種意見，桂南平話和邕潯片粵語（南寧粵語所屬）的發生學關係並不特別接近。

（三）官話：南寧的官話被稱爲“邕州官話”或“下郭街話”，屬西南官話的桂南小片，主要源自明清時代的官府和軍隊。以往分布在南寧的舊火燒地街、草鞋街、下郭街（今江北大道邕江一橋至桃源路一段）、黄泥街（今南國街）一帶。隨著南寧粵語在上世紀初取得地區性優勢，南寧官話也慢慢走向衰微，目前只保留在武鳴縣城及該縣城鎮的老人口中。

---

① 這裏採用麥文原來的術語。本書的“早期粵語”另有所指，參考本章後半部分。
② 關於平話的系屬問題，還有其他不同意見。可參考余瑾等（2016：3－5）的綜合性介紹。

（四）普通話：從上世紀 80 年代開始，南寧外來人口迅速增加，加上"推普"的作用，南寧普通話（即所謂"南普"）已經成爲南寧地區最流行的語言。粵語和普通話的語碼轉換（code-switching）在中年以下的人群中十分普遍。不少年青人甚至已經變成只能説"南普"的單語人。

（五）壯語：主要分布在市郊農村和郊縣。分北部壯語和南部壯語，以邕江爲界。南部和北部壯語的差異主要體現在：（a）語音上：南部方言有一套整齊的送氣清塞音和塞擦音聲母，而北部方言一般沒有送氣塞音和塞擦音；（b）詞彙上：南、北相同詞彙數量在 60％ 到 65％ 之間（覃國生 1996：16）；（c）語法上：南、北方言使用不同的被動標記（林亦 2009），南部方言有豐富的雙重或三重否定結構，而北部方言欠缺（覃鳳余等 2010）；在表達同一體範疇（aspect）時，南、北部壯語使用的體標記及其句法結構並非完全相同，他們的來源及語法化路徑也不一樣（Huang 2014）。新壯文轉寫所根據的基礎方言，正是南寧市内武鳴縣雙橋鎮的壯語，即所謂"標準壯語"。南寧地區的壯族人大部分都是多語者，通曉粵語和平話。

南寧地區的語言環境如此複雜，完全符合了定義語言區域第（一）項條件。至於語言之間的接觸程度，可由當地雙語/多語人的比例反映出來。陳海倫、李連進（2005）對南寧地區 445 人進行了調查，使用南寧粵語、桂南平話、桂柳官話、壯語和普通話的比例，分別是 88.5％、13.9％、8.54％、26.1％ 和 88.3％。當中能説三種語言的，有 38.88％；① 能説兩種語言的，有

①"普通話＋南寧粵語＋壯語"是比例最高的組合，佔三語人口 41.04％。

54.83％;①只能説一種語言的,只佔 6.292％。如果把單語者的數字除掉,南寧地區多語者的比例便高達 90％。這呼應了對語言區域第(四)項的界定——區域內的語言有密切的接觸關係。

　　語言之間倘若發生深度的接觸,幾乎所有特徵都有可能出現遷移。② 下面以南寧地區的語言爲例作説明。語音方面,最矚目的現象是區内的語言普遍有清擦音[ɬ],如南寧粵語"先"[ɬin¹]、"心"[ɬɐm¹];③亭子平話"寫"[ɬe³]、"雪"[ɬyt⁷ᵇ](覃遠雄等 1997);下郭街官話"西"[ɬi¹]、"想"[ɬiaŋ³](周本良等 2006);大新壯語[ɬuːŋ⁴]"巢"、龍州壯語[ɬi⁴]"長"(Luo 2008:321-322)。④ 這個音在區域外的漢語方言裏都比較罕見,譬如廣府片粵語就没有(de Sousa 2015b:166-168)。詞彙方面,粵語、平話和壯語都有一個無定限定詞 LHAK,粵語和平話都唸[ɬɐk⁷ᵃ](文獻一般寫作"嘞")、大新壯語和靖西壯語則唸[ɬak⁷]。它們可以出現在[LHAK-NUM-CLF-N](表大約)和[LHAK-CLF-N](表數量少、某個或任何一個)等格式中(覃鳳余、田春來 2011;余瑾等 2016:391-403)。這個無定限定詞的源頭毫無疑問是壯侗語,並已擴散到粵語和平話中。廣東西部部分粵語方言如廉江粵語、信宜粵

---

① "普通話＋南寧粵語"是比例最高的組合,佔雙語人口 73.77％。

② Heine & Kuteva(2010:86)認爲發生遷移的特徵有下列幾種:(一)形式(form),即語音形式或其組合;(二)意義(meanings,即詞彙意義或語法功能)或其組合;(三)形式—意義單位(即語素)或其組合;(四)句法關係,即意義成分的語序;(五)以上任何兩項或更多的組合。

③ 本書標示漢語方言聲調的方式:1—陰平;2—陽平;3—陰上;4—陽上;5—陰去;6—陽去;7a—上陰入;7b—下陰入("7"表示該語言/方言不分上陰入和下陰入);8—陽入;＊—變音。

④ 大新壯語和龍州壯語俱屬南部壯語。它們的[ɬ]對應於武鳴壯語的[ɣ]。

語也都用"嘅",但功能不如南寧粤語那麼豐富,出現的環境也比
較局限。

　　筆者的母語爲香港粤語。香港粤語和南寧的音系相差不遠,
而且對應得十分整齊,詞彙的分野(尤其是基本詞)也不算非常明
顯。在跟發音人交談的過程中,最使我感興趣的是語法現象——
南寧粤語某些語法結構的編碼方式跟香港粤語的很不一樣。後
來我讀了一些關於平話和壯語語法的著作(如覃東生 2007,2012;
韋景雲等 2011;余瑾等 2016),對這個領域有了更深入的認識。
現在我相信,南寧粤語和廣府片粤語語法上不相應的部分,大多
數都可以從語言接觸的角度加以解釋。

　　南寧地區諸語言共享的語法特徵,至少有下列幾項:

　　(一)[V－R－ASP－O]和[V－O－R－ASP]兩種語序共現
(co-exist)(郭必之 2010a,2010b;Kwok et al. 2016);

　　(二)非常豐富的後附狀貌詞(ideophone/expressive),可以出
現在不同詞類和短語之後(郭必之 2012;Kwok et al. 2016);

　　(三)"執持"(TAKE)義動詞經歷語法化,出現在主要謂語之
後,作工具介詞及方式助詞(歐陽覺亞 1995;覃東生 2012;黃陽、
郭必之 2013;覃東生、覃鳳余 2018;Huang & Wu 2018);

　　(四)"獲取"(ACQUIRE)義動詞經歷語法化,出現在主要謂語
之前,表道義情態(deontic modality)、"先事結果"(result of prior
event)等功能(Kwok et al. 2011);

　　(五)"去"(GO)義動詞經歷語法化,出現在主要謂語之後,做
動相補語、程度事態助詞、使令事態助詞等(歐陽覺亞 1995;鄧玉
榮 2008;覃東生 2012;郭必之 2014;Huang & Wu 2018);

　　(六)"給予"(GIVE)義動詞經歷語法化,出現在主要謂語之
後,做受益格介詞、受損格介詞及關涉對象介詞(覃東生 2012;

Huang & Wu 2018）；①

　　（七）“多”（MANY）義動詞經歷語法化，出現在主要謂語之後，表示動作相關程度的加劇（歐陽覺亞 1995；鄧玉榮 2008）；

　　（八）“遭受”（SUFFER）義動詞經歷語法化，出現在主要謂語前，做被動標記等（Chappell 2015；吳福祥 2016b）；②

　　（九）光桿量詞具指代（anaphoric）用法（de Sousa 2015b：182—183）。

　　我們可以根據上述語音、詞彙及語法特徵，把“南寧地區”定義爲一個語言區域。這個區域的邊界並不清晰（很大程度上是由於邕潯片粵語分布得非常零散，見 Wurm et al. 1987），但南寧市應該是中心點。

　　本書的要旨，是從語言接觸的視角切入，分析南寧粵語一些特殊語法特徵的來源及演變過程。前段在第（一）至（五）項所列出的五種特徵，將於第二章至第六章集中討論。我們會論證：南寧粵語之所以擁有這些特徵，都是語言接觸的結果。換言之，南寧粵語的前身應該都沒有這些特徵，是接觸使它們添加到南寧粵語身上的，屬“接觸引發的語法演變”（contact-induced grammatical change）。這裏先簡單介紹一下這種演變的幾種機制（mechanism）。

―――――――――

① “給予”義動詞演變爲受益格及受損格介詞，其實是符合一般語法化規律的（Heine & Kuteva 2005：149—151 等）。比較有意思的是，在南寧地區的語言中，當這些介詞介引賓語時，會出現在主要謂語結構組合的後面，構成［VP－PREP－NP］（如南寧粵語“打掃啲衛生畀我”＝“幫我打掃一下衛生”），與漢語方言常用的［PREP－NP－VP］語序不同。參考覃東生（2012）的相關章節。

② “遭受”義動詞做被動標記的現象，在中國中南、西南部分地區（如湖南、貴州、四川）很普遍。可是在廣東和廣西東部，被動標記一般源自“給予”義動詞（Chappell 2015：29—31,34）。

吳福祥(2014,2016a 等)在 Heine & Kuteva(2005 等)的基礎上,把"接觸引發的語法演變"分爲"語法借用"(grammatical borrowing)和"語法複製"(grammatical replication)兩類。前者指一種語言(源語)的語法語素遷移到另一種語言(受語)之中,涉及語音形式;後者是指一種語言(複製語,"replica language")仿照另一語言(模式語,"model language")的語法模式,產生出一種新的語法概念或結構,但不涉及仿照模式語的語音形式。"語法複製"底下還可以細分爲"接觸引發的語法化"和"語法結構複製"。"接觸引發的語法化"現象在近十幾年引起了熱烈的討論,已找到大量例證。它是指複製語對模式語某種語法概念的語法化路徑進行複製。"語法結構複製"包括"結構重組"和"構式拷貝"兩項。因接觸而引發的語序改變,即屬"結構重組"底下的"重排"。"結構重組"還有所謂"擇一"的現象,即複製語原來有兩個或多個具變異關係的結構模式(如 A 和 B),但模式語的對應模式卻只有一種(如 A),這時候在模式語的壓力下,複製語的使用者會選用 A 結構,B 結構逐漸消失。"構式拷貝"和"結構重組"相近,但前者複製語沒有相關的結構作爲依憑,而後者一定有一個相關結構的存在。以上的分類可以用圖 1 呈現出來:

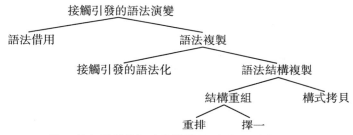

圖 1：接觸引發的語法演變機制(參考吳福祥 2014)

和 Heine & Kuteva（2005）等 的 方 案 比 較 起 來，吳 福 祥（2014，2016a）對"語法結構複製"的劃分更加細緻，也更符合東南亞語言的情況。

　　本書將要討論的特徵，大部分都牽涉到多功能語素（poly-functional morpheme）的遷移（特徵二至八），屬"語法複製"中"接觸引發的語法化"的範疇。相關細節，留待以後幾章才作討論。特徵（一）則關涉語序改變的問題，屬於"重排"。

　　本章最後的一部分，讓我們談談南寧粵語的形成問題。在 Wurm et al.（1987）中，南寧粵語被劃歸邕潯片粵語，與廣州粵語所屬的廣府片粵語好像有對等關係。其實不然。邕潯片粵語的歷史並不長，只有一百多、兩百年左右的歷史，是由珠江三角洲説早期廣府片粵語的人帶到廣西中南部一帶的。余靄芹（Yue-Hashimoto 1988）曾根據音系的分合，把廣州粵語和南寧粵語一同歸入"廣府片"（Guangfu subgroup）中。麥耘（2009：228）則認爲，邕潯片的形成"是人口擴散直接造成的語言擴散，是典型的譜系樹式的分化"。廣府片和邕潯片都源自早期廣府片粵語，發生學關係非常接近。如圖 2 所示：

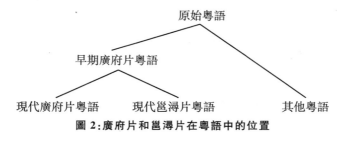

圖 2：廣府片和邕潯片在粵語中的位置

　　那麼，到底是什麼因素使廣府片粵語和邕潯片粵語變得不同呢（尤其是語法方面）？ 壯族人的語言轉用（language shift）在此扮演了一個關鍵的角色。前文説過,廣西地區的原住民是壯族人,説屬於壯侗語系的壯語。説廣府片粵語的人大概從清中葉起移入廣西中南部地區。由於他們擁有較高的文化、經濟和社會地位,所以儘管人口比壯族少,仍然能吸引壯族人"轉用"改説粵語。"轉用"可以從以下的數字中清晰地反映出來:在南寧市,壯族人約佔總人口 37%,但全市竟有高達 89% 的人會説邕潯片粵語(陳海倫、李連進主編 2005)。這説明絶大部分的南寧壯族人都已經實現了"語言轉用"或"語言飄離"(language drift)(鄒嘉彥等 2009;鄒嘉彥等 2015)。① 可是,由於"不完全學習"(imperfect learning)的緣故,壯族人只能在自己的語言基礎上,發展出"壯族粵語"。② 那是邕潯片粵語形成的第一步。不難想像,壯族人在轉用的過程中,把母語中個別詞彙和語法結構帶到目標語(target language,即"壯族粵語")裏去。在語言接觸的研究裏,這叫做"轉用引發的干擾"(shift-induced interference)。

　　接下去,在廣西中南部地區的壯族族群中,"壯族粵語"逐漸取代了壯語,成爲新一代壯族人的母語。謝建猷(2000)所報道的"壯族平話"和"瑶族平話",如實映照出廣西地區語言轉用的事實。③

① 所謂"語言飄離",是指一個語言社群由單語轉向目標語的一個過渡階段。在這一階段,語言群體同時掌握母語和目標語。參考鄒嘉彥等(2015:133−134)。又,"語言轉用"在原文中作"語言轉移"。

② "不完全學習"並不是缺陷。相反,很多學者（如 Hagège 1993;Ansaldo 2004;Heine & Kuteva 2005)都把它視爲"因應社會而創造(create)"的行爲。

③ 語言轉用者(shifter),有些會知道自己本身是並非漢族,只是改了説漢語;但也有些會特別強調自己漢人的身份。説平話的非漢族族群正有這兩種極端的態度(謝建猷 2000)。我猜想説南寧粵語的非漢族族群也應該有類似的反應。

我們的發音老師,調查時六十歲左右,本身也是壯族,但她只能説幾個壯語單詞。日常生活,以説南寧粵語和普通話爲主。

　　最後,由於使用的人口較多,"壯族粵語"最終把那種源自珠江三角洲的粵語同化掉,成爲現代邕潯片粵語的源頭。整個過程可能只在短短幾十年間完成。我們之前説過,邕潯片粵語語法結構中和廣府片粵語相異的部分,基本上都可以通過語言接觸獲得解釋,就是這個原因。不妨説,南寧之所以成爲一個"語言區域",很大程度上源於壯族人改説漢語(粵語、桂南平話、官話),使壯語的成分遷移到漢語方言裏去。①

　　本書選擇研究南寧粵語,除了因爲有第一手語料外,還考慮到它有相對清晰的歷史來源。我們可以直接拿南寧粵語跟早期廣府片粵語(19世紀和20世紀初,以後或簡稱"早期粵語")的語料作比對。② 早期粵語是南寧粵語祖語的近親,甚至是同一種語言。通過比較,我們可以知道南寧粵語和早期粵語分家以後,産生了什麽變化。這些變化,部分是由語言内部驅動而來的,但更大的一部分相信和語言接觸有關。這些早期語料,爲論證"接觸

---

① 關於粵語以外其他漢語方言和壯語在廣西的接觸,可參看洪波(2004)。
② 學者爲早期粵語語料建立了兩個數據庫,分别是"早期粵語口語文獻資料庫"及"早期粵語標註語料庫"(鏈接:http://ccl.ust.hk/ccl/useful_resources/useful_resources.html,檢索日期:2018年7月6日),提供了逐字檢索功能,非常便利。數據庫收録的文獻包括 Robert Morrison(馬禮遜,1782—1834)的 *A Vocabulary of the Canton Dialect*(1828)、Elijah Bridgman(裨治文,1801—1861)的 *Chinese Chrestomathy in the Canton Dialect*(1841)和 James Dyer Ball(1847—1919)的 *Cantonese Made Easy*(1883,1888,1907,1924 四個版本)等。謹此對建立語料庫的張洪年教授及姚玉敏教授表示衷心的謝意。

引發的遷移"（contact-induced transfer）提供了一個便利可靠的途徑。

　　以下是南寧粵語的音系（參考林亦、覃鳳余 2008）：①

聲母 21 個（含零聲母）

p 波薄	pʰ 抛拍	m 麻買	f 飛飯	
t 刀達	tʰ 太田	n 南業	ɬ 仙膝	l 來六
tʃ 早直	tʃʰ 初出		ʃ 沙熟	
k 雞局	kʰ 近缺	ŋ 我眼	h 蝦去	
kʷ 瓜骨	kʷʰ 跨菌			
j 油一	w 華壞	Ø 亞屋		

韻母 53 個（含成音節鼻音兩個）

i 機二	iu 苗少	im 店欠	in 邊千	eŋ 冰勝	ip 碟劫
it 熱節	ek 滴食				
u 普老	ui 背雷	un 潘冠	uŋ 風農	ut 潑闊	uk 福肉
y 女去	yn 磚酸	yt 血粵			
a 罵家	ai 大街	au 包考	am 南三	an 萬山	aŋ 生硬
ap 臘甲	at 法辣	ak 白拆			
ɐi 米給	ɐu 浮牛	ɐm 林金	ɐn 春巾	ɐŋ 燈幸	ɐp 濕邑
ɐt 密吉	ɐk 北握				
ɛ 車茄	ɛu 包貓	ɛm 斬鹹	ɛn 扁揀	ɛŋ 病聲	ɛp 夾插
ɛt 八滑	ɛk 劈石				

①這裏對林亦、覃鳳余（2008）給出的音系做了兩個調整：（a）把圓唇軟顎音聲母[kw]、[kwʰ]改爲[kʷ]和[kʷʰ]；（b）[ts]、[tsʰ]、[s]三個聲母和[ɿ]韻母屬老派讀音（如"紫"[tsɿ³]），現在已經很少能聽到。今直接刪去。

ɔ 坐哥　　　ɔi 袋海　　　ɔn 寒安　　　ɔŋ 綁窗　　　ɔt 割渴　　　ɔk 國落

œ 靴　　　œŋ 涼長　　　œk 啄藥

ŋ̩ 吳午　　　m̩ 唔

聲調九個

陰平/55/:書方　　陰上/35/:好水　　陰去/33/:過到　　上陰入/5/:急七

　　　　　　　　　　　　　　　　　　　　　　　　　下陰入/3/:八客

陽平/21/:常移　　陽上/24/:雨重　　陽去/22/:住共　　陽入/2/:月毒

　　在正式開始作專題討論前，讓我們先對往後幾章的例句標注方式作一説明。本文的南寧粵語語料（除引録自他人著作者外）及民族語言語料一律標上國際音標，民族語言的部分還會逐字翻譯，其他漢語方言的語料則只寫漢字。

第二章　南寧粵語［述語—賓語—補語］語序的來源

——兼論桂中地區民族語言相關結構語序的變異

1. 引言

　　廣州粵語的口語有近兩百年連綿不斷的文獻記録。① 各種述補結構的變體在這些文獻中的反映，引起過許多學者的討論（Yue 2001；吳福祥 2003b，2005a；郭必之 2005 等）。他們都留意到，早期的廣州粵語中有一種［述語—賓語—補語］結構（即［V—O—C］）。乍看起來，和漢魏六朝常見的"隔開式"述補結構相彷彿。② 余靄芹（Yue 2001：258—259）舉了下面這些例子：

---

① 有關記録粵語口語的文獻的歷史，參考余靄芹（Yue 2004）。
② "隔開式"述補結構（吳福祥 1999：342 稱之爲［Vt—O—Vi］格式）是漢魏六朝常見的一種語法格式，例子有："左賢王以爲漢兵不能至，飲酒醉"（《史記·匈奴列傳》）、"當打汝口破"（《幽明録》）、"道真食豚盡，了不謝"（《世説新語·任誕》）等。吳福祥（1999：343）認爲這種格式其實"没有資格看做動補結構"，因爲賓語和補語之間往往還可以加插一些修飾性成分。

(1)早期粵語:掃個一塊泥去。

　　　　"sweep away that clod of dirt. "①(Williams 1842：
　　　　140)

(2)早期粵語:唔做得咁嘅事好。

　　　　"cannot do that business well. "(Bonney 1854：
　　　　176)

(3)早期粵語:呢個人舊年種痘唔出。

　　　　"This man was vaccinated last year, but it did not
　　　　take. "(Fulton 1888:17)

余靄芹(Yue 2001:258,260)認定這種結構屬於較古老的形式(ol-
der form),由漢代業已出現的[V他動-O-V自動]兼語結構演變而
來。她的説法也許值得商榷,因爲早期粵語的例子以能性補語句
和方向補語句爲主,而[V他動-O-V自動]並不一定具能性或方向
的意思;可是説這種賓語前置的結構"古老",卻是毫無疑問的。
現代廣州粵語仍然容許[V-O-C]結構,然而出現的環境變得更
加狹窄:第一,補語是複合方向補語;第二,如果補語是能性狀態
補語或能性結果補語,那麽賓語就必須是代詞。② 例如(Yue
2001;郭必之 2005):

(4)廣州粵語:放杯咖啡上去。(把這杯咖啡放上去。)

(5)廣州粵語:搞得佢掂。(能够把它弄好。)

可以説,無論是一個半世紀以前的廣州粵語,抑或是今天的廣州

---

①這是原書的翻譯。
②如正文所述,早期粵語採用[V-O-C]語序的例子,C 基本上也都是能性
　補語或方向補語,只不過 O 可以由一般名詞(如例[2]的"咁嘅事")充當。

粵語，［V—O—C］的 C 只能由能性補語或方向補語充當。其他補語成分，例如結果補語（resultative complement，"R"），並不能進入［V—O—C］結構中。

　　筆者 2007 年到廣西南寧作田野調查時，發現當地粵語既有一般漢語方言所用的［述語—補語—賓語］結構（即［V—C—O］），也有像"隔開式"那種［V—O—C］結構。和早期粵語以及廣州粵語的情形不同，南寧粵語的［V—O—C］，補語部分主要由結果補語①充當，即［V—O—R］；②而它出現的環境跟一般的［V—R—O］相若，在不影響語義的條件下兩者可以互換。南寧粵語之所以有［V—O—R］結構，到底是因爲它地處偏遠，保留了早期漢語的形式，還是別有原因呢？ 這是本章將要討論的重點。

2. 對南寧粵語［V—O—R］結構和
　　［V—R—O］結構的描述

　　張洪年（2007［1972］）把廣州粵語的補語分爲"結果補語"、"狀態補語"、"強化補語"、"方向補語"、"能性補語"、"回復補語"、"描寫補語"、"程度補語"和"黏附性詞組補語"九類。本文的焦點只會集中在"結果補語"這個類別上。③

---

①"結果補語"的界限依張洪年（2007［1972］）。

②有趣的是，南寧粵語的能性補語句反而只能用［V—C—O］語序，而不接受［V—O—C］。

③正如吳福祥（1999：321）所説："從語義關係看，現代漢語的動補結構其實是個語法格式的集合，其中包括不同的小類，不同小類的動補結構産生的時間和形成的方式不盡相同。"本文同意他的觀點。因此，我們不會把幾種不同的述補結構集中在一起討論。

　　下面列出幾個南寧粵語[V－O－R]結構的例子,以及廣州粵語相應的説法:①

(6)南寧粵語:佢打佢老豆隻花瓶爛晒。(他把他老爸的花瓶打
　　　　　　破了。)

　　　　　　kʰy⁴ ta³ kʰy⁴ lu⁴ tɐu⁶ tʃɛk⁷ᵇ fa¹ pʰeŋ² lan⁶ɬai⁵

　　　　　　(比較廣州粵語:佢打爛咗佢老豆個花樽。)

(7)南寧粵語:颱風吹阿間屋冧晒。(颱風把這房子吹倒了。)

　　　　　　tʰɔi² fuŋ¹ tʃʰui¹ a¹ kɛn¹ uk⁷ᵃ lɐm⁵ɬai⁵

　　　　　　(比較廣州粵語:颱風吹冧咗呢間屋。)

(8)南寧粵語:擰鉸剪剪兜繩斷去。(用剪刀把繩子剪斷。)

　　　　　　neŋ¹ kau⁵ tʃin³ tʃin³ tɐu¹ ʃeŋ² tʰyn⁴ hy⁵

　　　　　　(比較廣州粵語:用鉸剪剪斷條繩佢。)

(9)南寧粵語:食飯飽去啊!(把飯吃飽啊!)

　　　　　　ʃek⁸ fan⁶ pɐu³ hy⁵ a⁵

　　　　　　(比較廣州粵語:食飽飯呀!)

(10)南寧粵語:佢一飲酒醉晒就惹事。(他一喝醉酒就鬧事。)

　　　　　　kʰy⁴ jɐt⁷ᵃ jɐm³ tʃɐu³tʃui⁵ɬai⁵tʃɐu⁶ jɛ⁴ ʃi⁶

　　　　　　(比較廣州粵語:佢一飲醉酒就搞事。)

(11)南寧粵語:做阿件事齊先至第二件。(做完一件事才做第二件。)

　　　　　　tʃu⁵ a¹ kin⁶ʃi⁶ tʃʰɐi²ɬin¹ tʃi⁵ tɐi⁶ ji⁶ kin⁶

　　　　　　(比較廣州粵語:做完一件事先至做第二件。)

(12)南寧粵語:食香蕉齊先□②至食蘋果。(吃完香蕉再吃蘋果)

　　　　　　ʃek⁸ hœŋ¹ tʃiu¹ tʃʰɐi²ɬin¹ mɐŋ⁶ tʃi⁵ ʃek⁸ pʰeŋ² kɔ³

（比較廣州粵語：食完香蕉先至食蘋果。）

這種［V－O－R］結構可以改換爲廣州粵語常用的［V－R－O］結構。以（6）、（7）、（8）爲例：

（6'）南寧粵語：佢打爛晒佢老豆隻花瓶。（他把他老爸的花瓶打破了。）

kʰy⁴ ta³ lan⁶łai⁵ kʰy⁴ lu⁴ tɐu⁶ tʃɛk⁷ᵇ fa¹ pʰeŋ²

（7'）南寧粵語：颱風吹冧晒阿間屋。（颱風把這房子吹倒了。）

tʰɔi² fuŋ¹ tʃʰui¹ lɛm⁵łai⁵ a¹ kɛn¹ uk⁷ᵃ

（8'）南寧粵語：攞鉸剪剪斷兜繩去。（用剪刀把繩子剪斷。）

neŋ¹ kau⁵ tʃin³ tʃin³ tʰyn⁴ tɐu¹ ʃeŋ² hy⁵

據筆者的初步考察，採用南寧粵語那種［V－O－R］結構的漢語方言，主要集中在廣西和海南兩個省區，①包括百色粵語、②廣西客語（黃伯榮 1996：738）、③賓陽平話（覃東生 2007；余瑾等 2016）、

---

① 黃伯榮（1996：735）報道過上海吳語若干［V－O－R］的例子，如"敲伊碎"（敲碎它）、"曬伊乾"（曬乾它）。這些例子，表面上的結構和（6）—（12）十分相似，但賓語的性質好像頗有限制（書中所有例子的賓語都是"伊"），似乎不宜直接和南寧粵語比較。此外，項夢冰（1997：326）提到連城客語兩個屬［V－O－R］語序的熟語性說法："食酒醉"（喝醉了）和"食菜飽"（指人光吃菜不吃飯）。這種結構已經不能產了，應該是從古漢語遺留下來的痕跡。

② 百色粵語和南寧粵語一樣，屬於邕潯片粵語。關於它的歷史，參考李錦芳（2000）。我們懷疑大部分邕潯片粵語方言都容許［V－O－R］和［V－R－O］互換。詳情如何，還有待日後的驗證。

③ 黃伯榮（1996：738）所舉的廣西客語（具體地點不詳）例子是"拿得這麼多東西到"（拿得到這麼多東西。當中的"這麼"、"東西"應該都是訓讀詞）。這個例子涉及能性補語而非結果補語，不同於例（6）—（12）那種［V－O－R］結構，所以正文中沒有把它舉出來。但基於地緣因素，我們仍然相信廣西客語有［V－O－R］結構。

屯昌閩語（錢奠香 2002）和三亞邁話（錢志安、鄒嘉彥 2006；
Chin & Tsou 2013）。① 以下是百色粵語、賓陽平話、屯昌閩語和
三亞邁話的例子：

(13)百色粵語：架車撞兩隻人死過。（這輛車撞死過兩個人。）

(14)百色粵語：颱風吹一座屋倒晒。（颱風吹倒了一所房子。）

(15)賓陽平話：張三著流氓打一隻腳斷。（張三被流氓打斷了一
　　　　　　　條腿。）

(16)賓陽平話：掃房淨去！（把房間打掃乾淨！）

(17)屯昌閩語：伊砍許叢樹仆去。（他把樹砍倒了。）②

(18)屯昌閩語：伊擘許本冊爛去。（他把書撕爛了。）

(19)三亞邁話：佢扯我的衫崩。（他扯破了我的上衣。）

(20)三亞邁話：你剪 ki 條繩斷。（你剪斷了那根繩子。）

廣西和海南同處中國南疆，同樣以語言複雜見稱。[V－O－R]結
構在地理上的特殊分佈，似乎已經隱約地透露了它的來源。

3.南寧粵語[V－O－R]結構與語言接觸的關係

　　廣西和海南個別漢語方言都有[V－O－R]結構，究竟它們之
間有什麼關係呢？ 有四個可能：(一)共同存古（shared reten-

---

①黃谷甘、李如龍(1996[1987]：367)認爲邁話是“一種在特定的條件下混合
　了海南閩語、粵語和客贛方言的一些特點而形成的混合型方言”。

②錢奠香(2002：168－169)把這種[V－O－R]結構視爲“兼語句”。他進一
　步指出：“凡共同語用‘動·補·賓’表達的地方屯昌方言都可用兼語式來
　表達。如‘說完話～講話了’、‘曬乾衣服～曝衫褲乾’等。”

tion)；（二）純粹巧合；（三）平行發展；（四）語言接觸。劉丹青
（2011）和 Chin & Tsou（2013）分別主張賓陽平話和三亞邁話的
［V—O—R］是"存古"的表現，由古漢語直接遺留下來，如劉丹青
（2011：31）指出："漢語史上曾經存在的 VOR 語序，在賓陽平話中強
勁地保留著。而且，中古是 VOR 與 VRO 並存，而賓陽平話基本上
只剩下 VOR 一枝獨秀。"我們知道，"隔開式"述補結構在唐宋時期
已經併入其他述補結構裏去了（吳福祥 1999：344）。如果説邁話和
平話的［V—O—R］結構是"存古"，那就必須證明這兩支方言在唐代
或以前就已經脫離主流漢語。可是，一般學者都認爲邁話只有幾百
年歷史（參考黃谷甘、李如龍 1996［1987］：357），根本不具備"存古"
的條件。平話的來源比較複雜（參考本書第一章），但形成的時間似
乎也不會早於宋代，①和海南閩語（屯昌閩語所屬）脫離閩南大本
營的時間（Kwok 2006：202）相若。南寧粵語和廣西客語更不用説
了。它們的歷史只能推至清代中後葉。換言之，在這些方言形成
之前，［V—R—O］結構應該已經取代了［V—O—R］結構。更有
趣的是，這些方言在原鄉（homeland）的成員（例如廣東省的粵語、
客語和福建省的閩語）基本上都不用［V—O—R］結構。② 可以推
想，南寧粵語等方言的［V—O—R］結構，應該是它們離開原鄉之
後才獲得的。這一點也不利於"存古"説的成立。
　　"純粹巧合"和"平行發展"二説又怎麼樣呢？可能性都很低。

---

①若依麥耘（2010）的意見，平話和廣府片粵語有一個共同的源頭。它們遲
　至宋末（13 世紀後葉）才分化爲兩種方言（參考麥耘 2010：238）。
②即使是文獻所反映的 19 世紀廣州粵語，也沒有［V—O—R］這種格式。換
　言之，早期粵語的［V—O—C］結構和現代南寧粵語的［V—O—R］結構，表
　面雖然相似，但實際上沒有很強的可比性。

反對最重要的理由是：[V－O－R]結構在漢語方言中相當罕見。這兩個假設都不能解釋爲什麼擁有這種結構的方言都集中在一小塊區域裏，而其他地區幾乎都找不到。上段提到的"共同存古"，也要面臨同樣的難題。何況粵語、平話、閩語、客語和邁話分屬五種不同的漢語方言。兩種方言也許還有一丁點"巧合"、"平行"的機會。五種方言在同一個區域内同時"平行發展"（或者"巧合地朝相同方向發展"），可能性幾乎是零。

　　廣西壯族自治區和海南省可以説是全國壯侗語最集中的地方。衆所周知，廣西擁有大量説壯語的人口，而黎語在海南也有一定的影響力。當地的漢語方言出現[V－O－R]結構，會不會和壯侗語有關呢？我翻查了壯語、傣語、仫佬語、布央語和黎語五種壯侗語言述語、賓語和補語的次序。以下是一些例子：

(21)武鳴壯語：mɯŋ² kɯ¹ hau⁴ θa:t⁹ la

　　　　　　　2SG　吃　　飯　　完　　PRT

　　　　　　　"你吃完飯了嗎？"（張均如等 1999:428）①

(22)龍州壯語：min² kan⁴ ba:t⁷ ka:u⁶ kʰi³ wa:i³ pʰo⁵ tʰu:n³

　　　　　　　3SG　捏一下　　CLF　糞便　水牛　破　完全

　　　　　　　"他把牛糞都捏碎了。"（張均如等 1999:911）

(23)德宏傣語：kau⁶ kin⁶ xau³ ʔim⁵ jau⁴

　　　　　　　3SG　吃　　飯　　飽　　PFV

　　　　　　　"我吃飽飯了。"（孫宏開等 2007:1151）

(24)羅城仫佬：həi² suk⁷ na³ sja:u⁵ ljeu⁶

　　　　　　　1SG　洗　　臉　　乾净　PFV

---

① 除了布央語外，所有壯侗語例子音標上的數字都是調類，不是實際調值。

"我把臉洗乾淨了。"(孫宏開等 2007:1252)

(25)郎架布央：han³³lɛ³³hɛk¹¹ qa⁰tu²⁴ kʰɔm¹¹ çɔŋ¹¹ qa⁰tɛk¹¹koi¹¹

　　　　那些 客人 坐 圍 桌子 滿 完

　　　　"那些客人都把飯桌圍滿了。"(李錦芳 1999:275)

(26)保定黎語：roːŋ² tʰa²fui¹

　　　　煮 飯 熟

　　　　"煮熟飯"(孫宏開等 2007:1352)

無論是哪一種壯侗語，都毫不例外地採用[V—O—R]結構。① 事實上，研究壯侗語的學者，一早就注意到這個跟大部分漢語"異構"的現象。張元生、覃曉航(1993:176)説：

　　　有時候，謂語②後邊既帶有賓語又帶有補語，這樣，就存在一個位置先後的問題。壯漢語在這方面各有不同。漢語一般是補語在前，賓語在後……壯語的情況與漢語的相反，它一般是賓語在前，補語在後。③

但是，我們怎樣可以證明南寧粵語的[V—O—R]結構是來源於壯語呢？ 對於辨認"接觸引發的演變"，Heine & Kuteva(2005:33)提出了一個簡單而有效的方法：

　　　If there is a linguistic property x shared by two languages M and R, and these languages are immediate neighbors and/or are known to have been in contact with each other for an extended period of time, and x is also found in lan-

---

①境外的壯侗語也都採用[V—O—R]結構。參考第 5 節的例子。

②張元生、覃曉航(1993)這裏所指的"謂語"相當於我們的"述語"。

③個別境内的壯侗語同時採用[V—R—O]結構(Wang 1991)，但出現的環境往往比[V—O—R]局限。參看第 5 節的討論。

guages genetically related to M but not in languages geneti-
cally related to R, then we hypothesize that this is an in-
stance of contact—induced transfer, more specifically, that x
has been transferred from M to R.

本文的例子可以輕易地套進 Heine & Kuteva(2005)的論證框
架中：

（一）"property x" = ［V－O－R］結構；
（二）"language M"= 壯語；
（三）"language R" = 南寧粵語；

壯語(language M)和南寧粵語(language R)在地理上相鄰,而且
有長期接觸的關係。另一方面,［V－O－R］結構(property x)可
以在跟壯語有發生學關係的語言(如仫佬語、黎語、老撾語和泰
語)中找到,卻不容易在跟南寧粵語有發生學關係的語言(如廣東
省的粵語)中找到。同一地區的其他漢語方言也都採用［V－O－
R］結構,其實更能説明這現象牽涉到地域的因素。因此,我們可
以斷言:南寧粵語採用［V－O－R］結構,是"接觸引發的演變"的
結果。輸出這種結構的語言,是廣西的壯語。從宏觀的角度看,
漢語方言採用［V－O－R］結構的地區,和壯侗語流行的地區大部
分是重合的——在《中國語言地圖集》(Wurm et al. 1987)中,南
寧、百色的四周都是壯語區,海南的三亞本身屬黎語區,而屯昌則
處於黎語區和臨高語區的交界處。此外,部分在那些地區操壯侗
語的人,都能説其中一種(或多種)採用［V－O－R］結構的漢語方
言。在這樣的環境下,［V－O－R］結構便成爲一種"區域特徵"
(areal feature),在特定的區域內擴散。

　　接下來的問題是:漢語方言爲什麼會借用壯侗語的語法結

構？ 在我們的印象中，當漢語和周邊的民族語言接觸時，漢語總是擁有較高權威性的一員。語言成分借貸的方向，往往是由漢語流向民族語言的。① 現在南寧粵語好像"反其道而行之"，到底是怎麼樣的一回事呢？ 這需要從南寧粵語［V—O—R］結構形成的機制談起。

4. 從"轉用干擾"的角度看南寧粵語 ［V—O—R］結構的形成

　　Thomason(2001)根據受惠語（recipient language）是否保持及"不完全學習"是否出現，把語言接觸所引發的演變區分爲兩種基本的類型："借用"（borrowing）和"轉用引發的干擾"（或簡稱"轉用干擾"）。② 簡單來說，借用是外來語成分被某個語言團體吸收了。中國各民族語言中不同歷史層次的漢語借詞、南方民族語言的［V—neg—V］型極性問句（吳福祥 2008a）和處所介詞短語的語序［PREP—N—V］（吳福祥 2008b），都屬於這一類。至於"轉用干擾"，則是指語言使用者在轉用語言時把母語中個別特徵帶到目標語裏去。這種干擾往往被認爲和語言使用者的"不完全學習"—— 即他們在語言轉用時未能充分掌握目標語的各個特

---

①我們翻閱民族語言的簡志，也會得到這樣的印象。那些簡志通常會詳細地描寫民族語言的漢語借詞，以及借用過去的漢語語法結構，但很少會談及民族語言對周邊漢語的影響。

②中文譯名主要參考吳福祥（2007）。注意這裏的"借用"和第一章提到的"語法借用"並不等同。Thomason(2001)的"借用"強調語言接觸時"不完全學習"因素沒有出現，而"語法借用"則是 Heine & Kuteva（2005）的術語，指涉及語音形式的語法語素遷移。

點——有關。陳保亞（2005）所報道的傣族漢語不分平舌和捲舌和本章討論的南寧粵語［V－O－R］結構，都應該歸入這一類之中。對於漢語與民族語言之間的接觸，沈鍾偉（2007：112）作出了如下概括：

> 在歷史上，非漢語對漢語的影響主要是通過語言轉換，而漢語對非漢語的影響則主要是通過語言借用。按傳統的術語，由轉換而出現的層次是底層，而由借用出現的層次是表層。

照這樣的理解，南寧粵語的［V－O－R］結構應該視爲"底層"（substratum）的現象。

在 Thomason（2001）研究的基礎上，吳福祥（2007：9－10）概括了"轉用干擾"的幾個特點。以下三點特別適用於南寧地區的壯人身上：

（一）某一語言的使用者開始轉用其目標語，但他們不能完善地學習該目標語，目標語習得者所造成的"錯誤"被目標語最初使用者所模仿並進而得以擴散；

（二）干擾始於音系、語法而非詞彙；

（三）轉用干擾可能導致接觸語（皮欽語［pidgin language］和克里奧爾語［creole language］）的形成、語言區域/語言聯盟的出現、新方言的産生、移民語言（immigrant languages）的形成以及語言死亡。

有了上述的認識，我們可以開始擬構（reconstruct）南寧粵語［V－O－R］結構形成的過程：

第一步：大約是 19 世紀中期，一批説廣府片粵語的人從珠江三角江一帶移居至廣西中南部和西部地區（包括南寧），並且跟當地的壯族人接觸。李錦芳（2000：67）對此概括道："（不少來自廣東操粵語的移民）……保留了語言等文化特徵，並不斷影響、同化周邊的壯族，發展至今在仍以壯族爲主體民族的桂中南、桂西形成了不少以城鎮爲中心的小片粵語區或方言島。"當時南寧地區的粵語應該和廣州粵語相距不大，兩者都採用[V—R—O]結構。需要注意的是：涉及接觸的群體，說壯語的人佔了大多數，說粵語的人只佔少數；

　　第二步：由於說南寧粵語的族群具有較高的經濟和文化地位，所以吸引了部分壯人學說粵語，並發展出"壯族粵語"（參考本書第一章）。"壯族粵語"是壯族人用以跟說粵語的漢族溝通的語言，它擁有較多壯語的特點，其中包括本文所討論的[V—O—R]結構。[V—O—R]結構的形成，是壯族人根據自己的語言習慣，把粵語排列意義的次序[V—R—O]"重排"後的結果。這個"重排"的例子比較簡單，並不牽涉語法化的問題。下圖以"吃完飯"這句子（壯語：kɯ¹ hau⁴ θaːt⁹[＝ 吃—飯—完]；壯族粵語：食飯齊；漢族粵語：食完飯）爲例，說明[V—O—R]結構形成的過程：

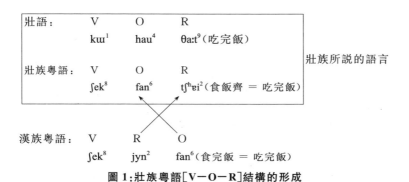

圖1：壯族粵語[V—O—R]結構的形成

我們注意到,"壯族粵語"保留了漢族粵語的詞彙,卻吸收了壯語的語序。① 這種格局,符合 Thomason(2001)對"轉用干擾"的描述。② 壯語和"壯族粵語"在這階段並存在南寧地區的壯族群體中;

　　第三步:在南寧地區的壯族族群中,"壯族粵語"逐漸取代壯語,成爲新一代壯人的母語;

　　第四步:由於使用的人口較多,"壯族粵語"最終把那種源自珠江三角洲的南寧粵語同化掉,成爲現代南寧粵語的源頭。③ 南寧粵語自此正式和廣府片粵語分家。這時候的南寧粵語,既用源自"壯族粵語"的[V－O－R]結構,也用從珠三角帶來的[V－R－O]結構。[V－O－R]和[V－R－O]兩種結構並現在南寧粵語中,並且可以自由互換。④

---

①邕潯片粵語一般以"齊"這個詞表"完成"。廣州粵語的"齊"[tsʰɐi²]其實也可以作表"完成"的補語,例如:"做齊啲功課未?"(做完了作業沒有?)但只有少數動詞可以跟它搭配,所以出現的頻率不高。邕潯片粵語的"齊"基本上涵蓋了廣州粵語"完"作爲補語的所有功能。參看本書附論二。

②Thomason(2001:75)認爲:在"轉用干擾"的例子中,發生演變的首先是音系和句法,詞彙往往滯後。

③有一個平行的例子:台灣地區的優勢語言——華語——本來是以北京話作爲標準的。但隨著台式華語(一種帶閩南腔的官話方言)興起,原來操道地北京話的台灣人(或他們的後代)也改説台式華語了。面對這兩個例子,我們很自然作出以下的類比:北京話—珠三角粵語;閩南語—壯語;台式華語—南寧粵語。

④這種兩個功能相同(或相近)的結構並現在同一語言中的現象,是語言接觸常見的後果。參看 Heine & Kuteva(2005:130－131)的介紹。

5.桂中地區民族語言［V—R—O］語序的形成

　　在桂中地區的民族語言裏，①述語、賓語和補語組合時除了用［V—O—R］外，也會用［V—R—O］。那些語言包括壯侗語系的壯語和仫佬語，以及苗瑤語系的瑤語、布努語和拉珈語。一些早期的著作（如韋慶穩、覃國生 1980）已經留意到這個現象。下面是一些例子：

（27a）武鳴壯語：kɯn¹　　no⁶　　mou¹　　liːu⁴
　　　　　　　　　吃　　　肉　　　豬　　　PFV
　　　　　　　　　"吃完豬肉了。"（孫宏開等 2007：1109）

（27b）武鳴壯語：kɯn¹　　liːu⁴　　no⁶　　　mou¹
　　　　　　　　　吃　　　PFV　　肉　　　豬
　　　　　　　　　"吃完豬肉了。"（孫宏開等 2007：1109）

（28a）羅城仫佬：həi²　　tsaːn¹　　hu³　　kɣaŋ⁵　　lɔ
　　　　　　　　　1SG　　吃　　　飯　　　飽　　　PRT
　　　　　　　　　"我吃飽飯了。"（孫宏開等 2007：1252）

（28b）羅城仫佬：həi²　　tsaːn¹　　kɣaŋ⁵　　hu³　　　lɔ
　　　　　　　　　1SG　　吃　　　飽　　　飯　　　PRT
　　　　　　　　　"我吃飽飯了。"（孫宏開等 2007：1252）

（29a）江底瑤語：nen²　　ȵen⁶　　ȵaːŋ⁵　　peu³　　a³
　　　　　　　　　3SG　　吃　　　飯　　　飽　　　PFV

①武鳴在南寧北面約 40 公里，弄京和金秀皆在廣西中部，而羅城和江底則在廣西中北部。

　　　　　　　　　"他吃飽飯了。"（毛宗武等 1982:54）

(29b)江底瑤語：nen^2　　n̠en^6　　peu^3　n̠aːŋ^5　　a^3

　　　　　　　　3SG　　吃　　飽　　飯　　PFV

　　　　　　　　"他吃飽飯了。"（毛宗武等 1982:54）

(30a)弄京布努：mi^8　　θa^4　ka^3 shi^5　θhəŋ^3　kwɔ^5

　　　　　　　　媽　　洗　　衣服　　乾浄　　PFV

　　　　　　　　"媽媽洗乾浄衣服了。"（孫宏開等 2007:1521）

(30b)弄京布努：mo^2　　θu^6　　tɕaŋ^4　　hoŋ^1　kwɔ^5

　　　　　　　　3PL　　做　　完　　活　　PFV

　　　　　　　　"他們做完活了。"（孫宏開等 2007:1521）

(31a)金秀拉珈：lak^8　wak^8　naːŋ^4　　tiŋ^6　　lieːu^3

　　　　　　　　3SG　　洗　　衣服　　乾浄　　PFV

　　　　　　　　"他洗乾浄衣服了。"（毛宗武等 1982:165）

(31b)金秀拉珈：lak^8　wak^8　tiŋ^6　　naːŋ^4　　lieːu^3

　　　　　　　　3SG　　洗　　乾浄　　衣服　　PFV

　　　　　　　　"他洗乾浄衣服了。"（毛宗武等 1982:165）

　　　不少學者已經指出，[V－R－O]是在漢語的影響下後起的用法，[V－O－R]才是壯侗語和苗瑤語原有的形式（參考 Wang 1991:175－176；孫宏開等 2007:1252 等人的意見）。可是，這些著作都沒有提供詳細的證據，也沒有交代[V－R－O]在民族語言中形成的年代，以及到底是哪種漢語方言使民族語言產生[V－R－O]等關鍵性問題。① 下面我們嘗試解開這些謎團。

――――――――――

①本節的論證方式與吳福祥（2009a）相近，但具體細節仍有較多不同的地方，例如我們指出[V－R－O]遷移到民族語言的時間應該比[V－O－R]遷移到漢語方言的時間晚。

要證明［V—R—O］是由從漢語一方借到壯侗語和苗瑤語的一方，最簡單的方法，是檢查一下中國境外的壯侗語（如泰語、老撾語）和苗瑤語有沒有［V—R—O］語序。這個方法對於發掘晚近的借移特別有效。我們都知道，［V—R—O］是絕大部分漢語方言採用的語序。如果這種語序到了晚近才開始對外借移，①一般只會在中國境內的壯侗語和苗瑤語中傳播，不可能波及境外的壯侗語和苗瑤語。讓我們先看看標準泰語和標準老撾語（俱屬壯侗語系語言）的例子：

(32)標準老撾：*man² kin³ paa³ nii⁴ met²*

　　　　　　3SG　eat fish　this finished

　　　　　　"He ate the fish up."(Enfield 2007：398)②

(33)標準老撾：*caw⁴ qat² patuu³ nèn⁵ bòò³*

　　　　　　2SG　close　door　tight PRT

　　　　　　"Did you close the door tight?"(Enfield 2007：410)

(34)標準泰語：nɔ́ɔŋ　　　　　　　kin khâaw ĭm lɛ́ɛw

　　　　　　My younger brother　eat rice　full PFV

　　　　　　"My younger brother ate his fill of food."(Iwasaki &. Ingkaphirom 2005：240)

(35)標準泰語：kháw láaŋ　caan　saʔàat

　　　　　　3SG wash　dish　clean

---

①説得更準確一點，"晚近"是指部分壯侗語和苗瑤語遷到中國境外以後。

②研究壯侗語的外國學者，一般都沒有"補語"的概念。例如 Enfield(2007)把(32)歸入"resultative construction"，而 Iwasaki &. Ingkaphirom(2005)則把(34)和(35)視爲"resultative serialization"。

"He washed the dishes clean."(Iwasaki & Ingkaphirom 2005:241)

再看兩個由 Enfield(2003)所記錄的老撾白苗語(White Hmong)例子：

(36)白苗語:*Kuv kaw   qhovrooj ruaj.*
　　　　　1SG close door   tight
　　　　　"I can close the door tight./I closed the door tight."(Enfield 2003:238)

(37)白苗語:*Kuv khawb tshuaj   tau.*
　　　　　1SG dig   medicine succeed/come. to. have
　　　　　"I dug up some medicine."(Enfield 2003:238)

很明顯,境外的壯侗語和苗瑤語都只用[V－O－R],而没有[V－R－O]。我們也留意到,即使是境内[V－O－R]、[V－R－O]兩可的民族語言,[V－R－O]的用法往往有較大的限制。例如在羅城仫佬語中,採用[V－O－R]語序的(38a)是合語法的。如果把補語成分放在述語和賓語之間,如(38b)所示,那就不合語法了(孫宏開等 2007:1252):

(38a)羅城仫佬: həi² suk⁷na³ sjaːu⁵   ljeu⁶
　　　　　　　1SG 洗 臉 乾净   PFV
　　　　　　　"我把臉洗乾净了。"

(38b)羅城仫佬: *həi²   suk⁷sjaːu⁵   na³ ljeu⁶
　　　　　　　1SG   洗 乾净   臉 PFV
　　　　　　　預期中的意思:"我把臉洗乾净了。"

可以说,仫佬語的[V－O－R]語序是無標的(unmarked),[V－

R─O]語序是有標的(marked)。我們知道,在歷史語言學的研究中,無標的語序往往被視爲"基本形式"(參考 Fox 1995:199)。現在把廣西和境外的壯侗語/苗瑤語使用[V─O─R]或[V─R─O]語序的情況,歸納爲下表("[√]"代表出現的位置有限制):

表 1:廣西和境外壯侗語/苗瑤語採用[V─O─R]或[V─R─O]的情況

語言名稱(系屬)	國別	V─O─R 語序	V─R─O 語序
武鳴壯語(壯侗)	中國	√	√
羅城仫佬(壯侗)	中國	√	[√]
江底瑤語(苗瑤)	中國	√	√
弄京布努(苗瑤)	中國	√	√
金秀拉珈(苗瑤)	中國	√	√
標準泰語(壯侗)	泰國	√	×
標準老撾(壯侗)	老撾	√	×
白苗語(苗瑤)	老撾	√	×

對於這張圖表,筆者有三點觀察:(一)所有壯侗語和苗瑤語都用[V─O─R]語序。基於比較法(comparative method)中的"相似原則"(principle of similarity,參考何大安 1987:127),我們認爲:原始壯侗語和原始苗瑤語都用[V─O─R]語序。今天境外壯侗語和苗瑤語依然只用[V─O─R],是存古的表現;(二)[V─R─O]語序只見於中國境內的壯侗語和苗瑤語中,那應該是後起的用法;(三)個別既用[V─O─R],又用[V─R─O]的民族語言,[V─R─O]的使用往往會有較大的限制,表示這種新增的語序還沒有完全成熟。

廣西的壯侗語和苗瑤語,既然原來已經有[V─O─R]語序,爲什麼現在要多添一套[V－R－O]語序呢？這肯定不是來源於語言內部的動力（internal dynamics），因爲一來它解釋不了[V－R－O]的特殊地理分布，二來也没法説明爲什麼在[V－O－R]没有消失的情況下，還要增添一個功能與之相同的[V－R－O]語序。排除了語言的内部因素之後，"語言接觸"就成了唯一合理的解釋。接下來的兩個問題是：到底哪一種漢語方言是施惠語？[V－R－O]在什麼時代傳播到壯侗語和苗瑶語裏去呢？

　　廣西地區流行的漢語方言，計有粵語、平話、官話、客語、湘語和閩語，一共六種。粵語和平話在東南部、南部和西部的影響力比較大，而官話在中部和北部比較普及（鄧玉榮 2008）。有理由相信：把[V－R－O]語序帶到壯侗語和苗瑶語裏去的，是一種跨地區性的強勢方言。剛才看到，廣西境內接受[V－R－O]語序的民族語言，在地理的分布方面没有明顯的差異，由中南部（武鳴壯語）到中北部（江底瑶語）都有。吴福祥（2008a；2008b 等）認爲華南地區的民族語言之所以産生了一系列和漢語結構相似的句式（如極性問句[V－NEG－V]），很可能是最近幾十年受普通話影響的結果，其論證相當可靠。换句話説，華南的民族語言裏有一個來源於現代普通話的語法層次。① 考慮到使用[V－R－O]的民族語言在地理上有廣泛的分布，而普通話本身也屬於[V－R－O]語言，因此我們推測：普通話就是把[V－R－O]語序借給壯侗語和苗瑶語的語言。[V－R－O]語序和極性問句[V－NEG－V]、處所介詞短語[PREP－N－V]應該是差不多同一時間——即上世紀五十、六十年代—— 進入民族語言裏的。這個時間的推訂，也有利於説明南寧粵語等漢語方言爲什麼會採用[V－O－R]結

①關於"語法層次"的概念，參看梅祖麟、楊秀芳（1995）具開創性的研究。

構。假使[V—R—O]傳入民族語言的時間比南寧粵語形成的時間早,說"壯族粵語"的群體根本沒有理由堅持選擇民族語言固有的[V—O—R]。他們更有可能採用跟廣府片粵語同構的[V—R—O]。可是事實並不如此。唯一的可能是:南寧粵語剛成立的時候,壯語依然是只用[V—O—R]。[V—R—O]遷移到民族語言裏去,是以後的事了。

　　桂中地區民族語言吸收[V—R—O]結構,是語言增加了外來成分,但不涉及語言轉用的問題,屬於 Thomason(2001)所定義的"借用"。可以說,民族語言受到普通話這種頂層(superstratum)語言影響。

6. 小結

　　本章先以 Thomason(2001)等人的語言接觸理論爲框架,考察了南寧粵語[V—O—R]結構的源頭。我們指出:壯侗語言普遍使用[V—O—R]結構。南寧地區的壯族人在語言轉用時發生"轉用干擾",把這種粵語本來沒有的格式帶到南寧粵語裏去,與粵語本來的[V—R—O]結構並存。南寧粵語的[V—O—R]結構表面上看起來和中古漢語的"隔開式"同構,但實際上兩者並沒有承接關係。本章後半部分討論了[V—O—R]和[V—R—O]兩種結構在廣西中部民族語言中的變異(variation)。比較顯示,[V—O—R]是民族語言原有的結構,中國境外的壯侗語、苗瑤語都可證明這一點;[V—R—O]則是最近幾十年受普通話影響而"借用"過來的。

　　雖然在"轉用干擾"和"借用"對立的問題上,[V—O—R]在南寧粵語裏的形成和民族語言吸收[V—R—O]有所不同,但它們在

"接觸引發的語法演變"機制裏都屬"重排"。"重排"在語言接觸的研究裏並不陌生,例如在巴爾幹半島裏,土耳其語方言的使用者模仿阿爾巴尼亞語、馬其頓語等印歐語言,把自己語言領屬結構式的語序由[G—N]重排爲[N—G](吴福祥 2014:100);藏緬語族的語言絕大部分都用[S—O—V]語序。目前只找到極少數例外。其中一個描述較詳細的是雲南的白語大理方言,它採用[S—V—O],①很可能是受同樣用[S—V—O]語序的漢語影響。本章爲"重排"這種機制提供了兩個鮮活的例子。

---

① 劍川白語有時候會採用[S—O—V],特别在疑問句裏(Wiersma 2003:670—671)。

第三章　語言接觸與南寧粵語的狀貌詞

1. 引言

　　本章擬從語言接觸的角度説明南寧粵語狀貌詞特點的來源，①解釋狀貌詞的形成過程，以及揭示有關例子爲接觸語言學（contact linguistics）所帶來的啟示。

　　"狀貌詞"是一種以聲音模仿形狀、顏色、氣味、動作等的特殊語類，在藏緬語、苗瑶語、壯侗語以及屬於漢語方言的閩語、粵語、平話中都十分普遍（Tsou 1978；李如龍 1996[1984]；孫天心、石丹羅 2004；李雲兵 2006 等）。其中壯語和粵語的狀貌詞討論得比較多，學界也比較熟悉。由於在壯語和粵語中，狀貌詞多數出現在實詞的後頭，所以很多學者都把它稱作"後附音節"（如覃國生 1981；馮英 2005）或"詞綴"（如李新魁等 1995；林亦、覃鳳余 2008）。本文採用"狀貌詞"這一叫法，希望有利於跨語言的研究。

---

①"狀貌詞"的翻譯據孫天心、石丹羅（2004）。也有些學者（如李雲兵 2006）把它稱作"狀詞"。

　　粵語似乎從來都不乏狀貌詞的例子，而現代廣州粵語的狀貌詞則基本上保留了早期粵語的原貌。之所以説“保留”，是因爲兩個時期的狀貌詞都有下面幾個特點：（一）主要以重疊形式出現（下文或以“BB”表之），少數屬部分重疊（如雙聲或疊韻，或以“Bb”表之）；（二）共現的實詞（或以“A”表之）以形容詞爲主；（三）以後附於實詞爲主，構成“ABB”式，也有少數前附的例子；①（四）語義一般比原式（即“A”）强，而且含感情色彩。更重要的一點是，許多早期粵語的狀貌詞在現代廣州粵語中依然可以找得到。下面是其中六個例子：

（1）早期粵語：青卑卑“Tender green”②（Ball 1907：147）

（2）早期粵語：光撐撐“Bright”（Ball 1907：147）

（3）早期粵語：窄齧齧“Narrow”（Ball 1907：147）

（4）早期粵語：鞋雯雯“Rough”（Ball 1907：147）

（5）早期粵語：嬲炮炮“Angry”（Ball 1907：148）

（6）早期粵語：疏 *lak kw'ak* “Loosely（placed）”（Ball 1907：148）

我們相信，早期粵語和現代廣州粵語的狀貌詞在本質上並没有太大的差別。

2. 南寧粵語狀貌詞的特點

　　南寧粵語的狀貌詞數量上要比廣州粵語的多，出現的環境上

---

①但不是所有“ABB”式中“BB”都是狀貌詞。像“坐定定”（坐穩）、“食飽飽”（吃飽）和“眼濕濕”（眼睛濕透的樣子）中的“定定”、“飽飽”和“濕濕”都不是狀貌詞，因爲它們含實義。

②例子中的用字、拼寫及英語翻譯均取自原書。

也跟廣州粵語的有較大的不同。① 這些相異之處可以歸納爲三點：

　　第一，在南寧粵語裏，同一個形容詞或動詞，後頭往往可以搭配四五個讀音有一定關聯的狀貌詞。不同的組合，語義可能有細微的差别。

(7a)南寧粵語：哭□□ huk^{7a} ŋa^1 ŋa^1（大聲哭）

(7b)南寧粵語：哭□□ huk^{7a} ŋɛ^1 ŋɛ^1（哭的聲音不大）

(7c)南寧粵語：哭□□ huk^{7a} ɬɐp^8 ɬɐp^8（抽泣貌）

(7d)南寧粵語：哭□□ huk^{7a} fet^8 fet^8（抽泣貌）

(8a)南寧粵語：細□□ ɬɐi^5 ni^1 ni^1（太小）

(8b)南寧粵語：細□□ ɬɐi^5 neŋ^1 neŋ^1（太小）

(8c)南寧粵語：細□□ ɬɐi^5 nek^{7a} nek^{7a}（太小）

(8d)南寧粵語：細□□ ɬɐi^5 nɛt^{7a} nɛt^{7a}（太小）

(7)的感情色彩顯然是通過韻元音開口度的大小表現出來的，充分體現了"語音象徵性"（sound symbolism）。(7a)的狀貌詞，韻母元音開口度大，所描繪的是放聲痛哭，而且持續不斷；(7b)、(7c)和(7d)的狀貌詞，韻母元音開口度較小，所描繪的是低聲抽泣的樣子（林亦、覃鳳余 2008：265）。早期粵語和廣州粵語的形容詞或動詞一般只配一個狀貌詞，少數能配兩三個，但像南寧粵語那種能配上四五

---

①本章的南寧粵語例子，部分採自筆者的調查，部分轉引自林亦、覃鳳余
　（2008），不一一説明。事實上，林、覃兩位正是筆者的合作人。

個,而且能反映"語音象徵性"的,則非常罕見。①

　　第二,南寧粵語的狀貌詞不單出現在形容詞之後,也大量地出現在動詞甚至是動詞性短語(皆屬述賓結構)的後頭,用以描述動作所發出的聲音、狀態或連續性。例如:

(9)南寧粵語:睡□□ ʃui⁵ pʰat⁸ pʰat⁸(睡姿難看)

(10)南寧粵語:開□□ hɔi¹ ŋap⁷ᵇ ŋap⁷ᵇ(開裂貌)

(11)南寧粵語:跟□□ kɐn¹ ɬɛp⁸ ɬɛp⁸(老是跟著)

(12)南寧粵語:落雨□□ lɔk⁸ jy⁴ ɬɛp⁸ɬɛp⁸(陰雨連綿)

(13)南寧粵語:燒煙□□ ʃiu¹ jin¹ hɐm² hɐm²(不停地抽煙)

在早期粵語和廣州粵語中,動詞性短語都不能接狀貌詞。能接狀貌詞的動詞也只有"笑"等幾個。

　　第三,南寧粵語有兩個出現頻率特高的狀貌詞:hɐm² hɐm² 和 tʃa² tʃa²,可以出現在含大動作義的動詞或動詞性短語之後,色彩相同,很多時候可以互換。它們"描繪行為或狀態急促忙亂、衆多密集、反復不斷,也有慌忙之中略顯狼狽、無暇顧及斯文體面之意義,略帶貶義"(林亦、覃鳳余 2008:252)。舉五個例子:

---

① So & Harrison(1996)收集了廣州粵語一百多個"ABB"式的例子。其中"黑"可以配"沉沉"、"墨墨"、"*mang mang*"、"媽媽"和"*monk monk*"。但從嚴格的意義上說,"沉沉"和"墨墨"都有較實在的意思,不能視作狀貌詞。黎奕葆(2015:713—714)指出:香港粵語有同一個形容詞或動詞可選配不同狀貌詞的例子,通過狀貌詞的聲調和元音來區分褒義和貶義,如"肥"選配[tyt⁷ᵃ tyt⁷ᵃ]時有褒義,選配[tʰɐn² tʰɐn²]時有貶義;"滑"選配[lyt⁷ᵃ lyt⁷ᵃ]或[tyt⁷ᵃ tyt⁷ᵃ]時有褒義,選配[ʃan² ʃan²]時則有貶義。不過,他同意香港粵語的狀貌詞與實詞絕大多數為一對一關係,一個實詞能選配多個狀貌詞並能反映"語音象徵性"區別者,非常罕見。

(14)南寧粵語：搶□□ tʃʰœŋ³ tʃa² tʃa²（一哄而上，一陣亂搶）

(15)南寧粵語：食□□ ʃek⁸ tʃa² tʃa²（毫無顧忌地吃）

(16)南寧粵語：唱歌□□ tʃʰœŋ⁵ kɔ¹ hem² hem²（不停地唱歌）

(17)南寧粵語：追女崽□□ tʃui¹ ny⁴ tʃɐi³ tʃa² tʃa²（毫無顧忌地追
求女孩子）

(18)南寧粵語：趯屎坑□□ tek⁷ᵇ ʃi³ haŋ¹ hem² hem²（不斷地上廁所）

早期粵語、廣州粵語的"A"和"BB"大多數是一對一的關係，没有上述那種高頻的狀貌詞。需要特别指出的是：hem² hem² 和 tʃa² tʃa² 在廣州粵語裏都是常見的擬聲詞，但不作狀貌詞用。究竟這兩個擬聲詞爲什麼會在南寧粵語變爲狀貌詞呢？第 4 節裏會再作交代。

　　由於南寧粵語狀貌詞的功能獨樹一幟，因此謝建猷（1994）和歐陽覺亞（1995）早就懷疑它不是從語言内部發展而來的，而是跟周圍壯語接觸的結果。本章同意他們的意見，但認爲需要作更詳細的論證。以下先介紹壯侗語的狀貌詞，接下來會解釋語言接觸如何使南寧粵語的狀貌詞在原有的基礎上變得更加豐富。

3. 壯侗語的狀貌詞和南寧粵語狀貌詞的聯繫

　　討論語言結構的演變時有一個傾向：先尋求内部的動因，如果真的找不了，才去考慮外部因素的可能性。① 上文提出那些南

---

① 正如貝羅貝、徐丹（2009：3）所説，這個方法論其實是一種"誤區"，因爲"由於語言接觸而産生的外借，很可能比人們現在所認識到的要更廣泛"。不過，這個假設能讓我們對"接觸引發的演變"的個案作出更嚴格篩選。本文也以這種方法爲基礎，證明南寧粵語狀貌詞的部分特點來源於語言接觸。

寧粵語狀貌詞的例子,①在早期粵語中完全找不到來源,而内部的演變機制也似乎也不足以解釋它們的現狀,於是我們唯有從語言接觸的角度去思考這個問題。事實上,南寧粵語和壯語有長期的接觸關係,壯族的語言轉用者也是南寧粵語人口的重要構成部分(參考本書第一章)。

　　壯語、侗語、水語(馮英 2005)、毛南語(Lu 2008)、傣語(羅美珍 2008)、老撾語(Enfield 2007)這些壯侗語系語言都有豐富的狀貌詞。關於它們的特點,前人已有細緻的考察,這裏不一一重複。本節僅就幾個和南寧粵語相關的現象作簡單的討論。資料方面,會以壯語和侗語爲主。②

　　同一詞幹可以選擇幾個不同的狀貌詞後綴,而且可以通過韻尾、主元音的不同而區分意義的細微差別,這在壯侗語裏是非常普遍的現象。下面舉兩組武鳴燕齊壯語的例子(韋景雲等 2011:62):③

(19a)武鳴壯語:hoŋ² ha:t⁸ᴸ ha:t⁸ᴸ "紅過頭、難看"

(19b)武鳴壯語:hoŋ² weːŋ⁴ weːŋ⁴ "微紅"

(19c)武鳴壯語:hoŋ² waːŋ⁴ waːŋ⁴ "紅亮,程度比 19b 深"

---

① 當然,上文所舉的只是南寧粵語狀貌詞的部分例子。南寧也有相當數量的狀貌詞來源於早期粵語,如"油淋淋"(油膩貌)、"實滴滴"(個子結實貌)和"滑□□lyt⁷ᵃ lyt⁷ᵃ"(光滑貌)等。

② 本文所引用的壯語和侗語語料,主要取自韋慶穩、覃國生(1980)、陸天橋(1988)、張均如等(1999)、Gerner(2004,2005)、孫宏開等(2007)和韋景雲等(2011),隨文注明出處。需要注意的是:即使同樣是武鳴壯語,各家的注音可能會有細微的不同。我們會忠於原著,不強求把標音統一起來。

③ 武鳴燕齊壯語的入聲調(第 7 調和第 8 調)各分長短。這裏分別以"L"和"S"標示。

（19d）武鳴壯語：hoŋ²ˀaːŋ⁴ˀaːŋ⁴"暗紅"

（19e）武鳴壯語：hoŋ²ˀjaːŋ⁴ˀjaːŋ⁴"紅而發黑、難看"

（19f）武鳴壯語：hoŋ² paːŋ⁴ paːŋ⁴"褐紅"

（19g）武鳴壯語：hoŋ² peːŋ⁴ peːŋ⁴"淡紅"

（19h）武鳴壯語：hoŋ²ˀu⁴ˀu⁴"火紅，如太陽初升"

（19i）武鳴壯語：hoŋ²ˀon⁴ˀon⁴"通紅，如臉紅"

（19j）武鳴壯語：hoŋ² fɯk⁸ˢ fɯk⁸ˢ"一片紅，如一片紅花"

（19k）武鳴壯語：hoŋ²ˀi⁴ˀi⁴"紅，如一點小紅光"

（20a）武鳴壯語：ˀdam¹ˀdaːt⁷ᴸˀdaːt⁷ᴸ"黑漆漆"

（20b）武鳴壯語：ˀdam¹ˀdeːt⁷ᴸˀdeːt⁷ᴸ"一點兒黑，面積比 20a 小"

（20c）武鳴壯語：ˀdam¹ˀdɯt⁷ᴸˀdɯt⁷ᴸ"黑透透，如野生小番桃果"

（20d）武鳴壯語：ˀdam¹ˀdi⁵ˀdi⁵"一點兒黑"

（20e）武鳴壯語：ˀdam¹ n̩um⁵ n̩um⁵"濃黑而略有些凌亂，如頭髮"

（20f）武鳴壯語：ˀdam¹ ŋaːu³ ŋaːu³"烏黑"

可以看到，［hoŋ²］"紅"這個詞幹可以選配的狀貌詞重疊式後綴竟然多達 11 個，而［ˀdam¹］"黑"也能選擇六個。能搭配三四個狀貌詞重疊式後綴的例子，並不罕見。

　　大部分壯侗語的狀貌詞除了以"ABB"中"BB"的形式出現外，還有非重疊式（見 21a），以及和其它狀貌詞組成的複合形式（21c—e）。試看武鳴壯語（韋慶穩、覃國生 1980：38）［tiu⁵］"跳"這個詞後的狀貌詞：

（21a）武鳴壯語［AB 式］：　　　tiu⁵ juk⁷"向前一躍"

（21b）武鳴壯語［ABB 式］：　　tiu⁵ juk⁷ juk⁷"不斷往前跳"

（21c）武鳴壯語［ACCBB 式］：　tiu⁵ i¹ i¹ juk⁷ juk⁷"亂蹦亂跳"

（21d）武鳴壯語［ACBCB 式］：　tiu⁵ i¹ juk⁷ i¹ juk⁷"有節奏地跳"

(21e)武鳴壯語[ACB 式]：　　　　tiu⁵ i¹ juk⁷"歡樂地跳"

有些詞像 ven³"掛"、pja:i³"走"甚至能帶三音節固定格式的狀貌詞（韋慶穩、覃國生 1980：39）。假如像我們所説，南寧粵語狀貌詞的發展曾經受過壯侗語的影響，那麼這種影響似乎只局限在"量"的方面，類型方面其實没有什麼改變。也就是説：南寧粵語受壯侗語的影響，原有的"ABB"式變得活躍、能産，但一些粵語裏没有的形式如"AB"、"ACCBB"卻不會因此而引進過來。

　　陸天橋（1988）討論過武鳴壯語的"元音象義"現象，發現"用前高元音來摹擬小物的聲音，用後低元音摹擬大物體的聲音"（1988：48）。[①] 很多狀貌詞都能反映這一點。例如：

(22a)武鳴壯語：rum² fi⁴ fi⁴"風沙沙地吹，聲音很弱"

(22b)武鳴壯語：rum² fe⁴ fe⁴"風沙沙地吹，聲音不大"

(22c)武鳴壯語：rum² fa⁴ fa⁴"風呼呼地吹，聲音較大"

(22d)武鳴壯語：rum² fɔ⁴ fɔ⁴"風呼呼地吹，聲音很大"

至於武鳴燕齊壯語，據韋景雲等（2011：64）的介紹，帶偏低、偏後元音（如[a]、[u]）的狀貌詞後綴通常表示性狀加强，而帶偏高偏前元音（如[i]、[e]）者則一般表性狀輕微，和陸天橋（1988）對武鳴壯語的觀察相當接近。其實武鳴燕齊壯語的狀貌詞已經發展出頗爲完整的"元音象義"，表現在三組（共六個）韻母的元音高低上，和傳統音韻學中的"旁轉"相近。具對立關係的韻母，一組總是以[a:]做主元音，另一組總是以[e:]做主元音。三組相關的韻母分别是：（一）[a:ŋ]和[e:ŋ]；（二）[a:t]和[e:t]，以及（三）[a:u]和

---

①根據筆者的理解，"元音象義"應該屬於"語音象徵性"的一種，只不過它特　別强調元音的功效。

[eːu]。上引(19b)和(19c)、(20a)和(20b)即其中兩對例子。這裏再補充一對：

(23a)武鳴壯語：heːu$^{1?}$jaːu$^{3?}$jaːu^3"很青,體積較大,如未成熟的橙子"
(23b)武鳴壯語：heːu$^{1?}$jeːu$^{3?}$jeːu^3"淺青,體積較小,如未成熟的葡萄"

南寧粵語的狀貌詞後綴也反映了"元音象義"(如例 7、8),看起來和壯語相似。雖然如此,據我們的考察,南寧粵語的狀貌詞絕大部分都不是從壯語裏借移過來的。最直接的證據,是兩種語言的狀貌詞往往採用不同的詞型,沒有什麼可比性。例如"胖"這個詞在南寧粵語和武鳴壯語中都可以帶不同的狀貌詞,而且或多或少都表現了"元音象義",但詞型卻完全不同。參看表 1。

表 1：南寧粵語和武鳴壯語"胖"一詞後狀貌詞的比較

南寧粵語	詞義	武鳴壯語	詞義
fi^2 luk^{7a} luk^{7a}	小孩子或動物胖得可愛	pi^2 pet^8 pet^8	有點胖或小動物的肥
fi^2 nɔt^{7a} nɔt^{7a}	小孩子或動物胖得可愛	pi^2 pat^8 pat^8	很胖或大面積的胖
fi^2 nɔ^1 nɔ^1	小孩子或動物胖得可愛	pi^2 pɔt^8 pɔt^8	非常胖或圓滾滾的胖
fi^2 tyt^{7a} tyt^{7a}	小孩子或動物胖得可愛		
fi^2 tʰɐn^2 tʰɐn^2	胖得不能忍受		
fi^2 lat^8 lat^8	胖得不能忍受		

　　本文反覆強調壯侗語對南寧粵語狀貌詞發展的影響,現在看到這種影響原來並不涉及借詞的問題。第 4 節會作更詳細的探討。

在壯侗語中，狀貌詞能出現在名詞、形容詞、動詞，甚至是述賓結構和述補結構之後（孫宏開等 2007：1106）。Gerner（2004，2005）根據整個結構的詞性和語義，爲侗語兩百多個狀貌詞進行了分類，大約 70 個動詞或動詞短語能帶狀貌詞。下面是武鳴壯語（張均如等 1999；孫宏開等 2007）和榕江侗語（Gerner 2004，2005）部分出現在述賓結構之後的狀貌詞：①

(24)武鳴壯語：ɕit^7 ʔjiən^1　pa:p^7 pa:p^7

　　　　　　　吸　煙　　IDEO

　　　　　　　"叭嗒叭嗒地吸著煙"

(25)武鳴壯語：ŋak^{7}kjau^3　si:k^8 si:k^8

　　　　　　　點 頭　　IDEO

　　　　　　　"頻頻點頭"

(26)武鳴壯語：sak^7 pa:k^7　ka:m^3 ɣe:t^{8}ɣɯt^8

　　　　　　　塞 口　岩洞 IDEO

　　　　　　　"把岩洞口塞得緊緊的"

(27)榕江侗語：we^{31} oŋ^{55}　n̠ɐt^{35} n̠ɐt^{35}

　　　　　　　做 工　　IDEO

　　　　　　　"慢慢幹活"

(28)榕江侗語：əi^{35} to^{55}　ŋet^{323} ŋet^{323}

　　　　　　　開 門　　IDEO

　　　　　　　"開門開得很吵"

(29)榕江侗語：tok^{55}　pʲən^{55}　təp^{55} təp^{55}

　　　　　　　下　雨　　IDEO

---

①榕江侗語的例子，依 Gerner（2004，2005）標出調值。

"下雨下得很吵"

可以斷定：是語言接觸把壯侗語這種結構帶到南寧粵語（例9—13）裏去的，因爲我們知道，早期粵語和廣州粵語的狀貌詞從不出現在動詞短語的後頭。換言之，受到壯侗語的影響，南寧粵語"ABB"式中"A"的條件變得寬鬆了。含大動作義的動詞，以及述賓短語現在都能充當"A"的角色。

　　壯侗語個別狀貌詞具有清晰的語法意義，能出現在不同的詞的後頭，使用頻率也自然比較高。這容易使人聯想到南寧粵語的 hɐm² hɐm² 和 tʃa² tʃa²。先看幾個榕江侗語的例子：

（30）榕江侗語：pən³²³　　　hɐm³¹ hɐm³¹

　　　　　　　　飛　　　　IDEO

　　　　　　　　"一群一群地飛"

（31）榕江侗語：pai⁵⁵　　　hɐm³¹ hɐm³¹

　　　　　　　　走　　　　IDEO

　　　　　　　　"一群一群地走"

（32）榕江侗語：pek³¹　　　çat¹³ çat¹³

　　　　　　　　打　　　　IDEO

　　　　　　　　"很快地打/突然打"

（33）榕江侗語：ça³²³　　　çat¹³ çat¹³

　　　　　　　　寫　　　　IDEO

　　　　　　　　"很快地寫"

（30）和（31）的語義都有［＋集體］的特徵。hɐm³¹ hɐm³¹ 的詞型和語法意義和南寧粵語的 hɐm² hɐm² 儘管十分接近，但兩者應該没

有直接的關係。① （32）、（33）的狀貌詞 $çat^{13} çat^{13}$ 則含［＋速度］
義，能搭配不同類型的動詞如 p^jek^{55} "打"、p^ja^{55} "編織"和 $tçən^{11}$ "上
升"(Gerner 2005:38)等。壯侗語和南寧粵語的狀貌詞都呈現出
嚴謹的分工，這點是早期粵語和廣州粵語所不具備的。

4. 南寧粵語的狀貌詞對接觸語言學的啟示

　　從構詞的角度看，把南寧粵語的狀貌詞都歸入後綴，如林亦、
覃鳳余(2008:252)那樣處理，大概是沒有問題的。加綴法在南寧
粵語的祖語裏肯定已經存在，但大量狀貌詞的加入，卻使加綴的
手段更多元化。除此之外，南寧粵語的狀貌詞對接觸語言學還有
些什麼啟示呢？我們可以通過發掘狀貌詞特點的來源，去探索這
個問題。

　　首先以高頻狀貌詞 $hem^2 hem^2$ 和 $tʃa^2 tʃa^2$ 爲例，稍作説明。
$hem^2 hem^2$ 和 $tʃa^2 tʃa^2$ 在廣州粵語裏皆作擬聲詞用，這大概是
繼承了早期粵語的用法：②

(34)廣州粵語：□□ $tʃa^2 tʃa^2$ 聲寫埋篇報告佢！（趕快把報告
　　　寫完！）

(35)廣州粵語：啲股票最近升到□□ $hem^2 hem^2$ 聲。（股票最近
　　　漲得特別快。）

廣州粵語的擬聲詞通常以"B一聲"或"BB聲"的形式出現。它們

----

①南寧粵語和侗語幾乎没有什麼接觸關係可言。相反，和南寧粵語有緊密
接觸關係的壯語，卻找不到 $hem^{31} hem^{31}$ 這個狀貌詞(黃陽，私人通訊)。
②擬聲詞 $hem^2 hem^2$ 在廣州粵語和南寧粵語（見下文）都可以找到，所以我
們認爲它在兩種方言分裂以前——也就是早期粵語年代——已經出現。

和狀貌詞有密切的關係，有些學者（如 Bauer & Benedict 1997：300－304）就把擬聲詞視爲狀貌詞的一支，稱爲"擬聲狀貌詞"（onomatopoeic expressive）。（34）的"tʃaˀ tʃaˀ 聲"描繪急促的情況，（35）的"hɛmˀ hɛmˀ 聲"除了表"快"以外，還有點"來勢洶洶"的意味。南寧粵語也用"hɛmˀ hɛmˀ 聲"，"形容氣勢大"（林亦、覃鳳余 2008：251）。它們顯然都和南寧粵語那兩個狀貌詞有語義上的聯繫。由詞演變爲詞綴是語法化的常規，因此我們認爲南寧粵語動詞/動詞短語後的 hɛmˀ hɛmˀ 和 tʃaˀ tʃaˀ 都源自擬聲詞，演變規律爲"擬聲詞 ＞ 詞綴"。這個語法化過程是由語言接觸驅動的，可以確認爲"接觸引起的語法化"（參看 Heine & Kuteva 2005）的例子。沒有和壯語發生接觸，南寧粵語的擬聲詞便不太可能演變爲後綴了。①

　　"ABB"式中的"A"，由早期粵語只能由形容詞及少數動詞充當，發展至南寧粵語可以由含大動作義的動詞，甚至述賓短語充當，這屬於語法演變機制中"擴展"（extension）的例子，即一個語法模式的表層形式發生了改變，但卻沒有影響到底層結構。②"擴展"的最大特點在於"去除規律的條件"（removing a condition from a rule；見 Harris & Campbell 1995：102）。本例的條件，是對"A"詞性和句法層位的規限。語言接觸毫無疑問是導致這次

---

① 黎奕葆（2015：714－717）討論過香港粵語"（尖）筆甩"（很尖）、"（花）□□ liˡ lokˀᵃ"（花裏胡哨）、"（半）□□ lɛŋˡ kɛŋˡ"（半截兒）等狀貌詞後綴的來源及語法化過程，頗可採信。他的論述，也適用於解釋部分南寧粵語狀貌詞後綴的來源。注意這一類語法化跟語言接觸沒有直接關係。

② Harris & Campbell（1995）把"重新分析"（reanalysis）、"擴展"和"外借"（borrowing）視爲句法演變的三個基本機制。有的學者把"擴展"稱作"類推"（analogy），如 Hopper & Traugott（2003）和貝羅貝、徐丹（2009）。

"擴展"發生的主因。從這個例子可以看到,外部機制(如語言接觸)和内部機制(如擴展)産生了交互作用。

　　南寧粵語狀貌詞"語音象徵性"的形成是另一個因接觸而導致内部演變的例子。如前所述,早期粵語和廣州粵語的狀貌詞類型都不多,也没有成系統的"語音象徵性",可知南寧粵語這個現象是它成爲了一支獨立的方言以後才逐漸發展出來的。另一方面,壯語中雖然頗有些反映"語音象徵性"的狀貌詞,但它們並没有以借詞的形式大規模地遷移到南寧粵語裏去。我們初步的看法是:"語音象徵性"可以作爲一個區域特徵進行擴散。一些本來不常採用"語音象徵性"的語言(像南寧粵語的祖語),經接觸後"語音象徵性"現象可能會變得豐富。可是,由於目前所掌握的資料有限,"擴散"的細節暫時没法説得太清楚,希望將來大規模的跨語言比較研究能幫助我們解決這個問題。

　　分析過南寧粵語狀貌詞三個特點的來源後,我們得到了下面幾點啟示:(一)語言接觸是語法結構啟動内部演變機制(如擴展)其中一個催化劑。内部機制能使一些實詞演變爲虛詞,如 hem^2 hem^2 和 $t\int a^2 t\int a^2$ 由擬聲詞演變爲詞綴。(二)語言接觸能使構詞法在已有的基礎上獲得進一步發展。套用 Aikhenvald(2006:22)的話,就是"已有特徵的加強"(enhancement of an already existing feature),如"ABB"式加綴法。(三)複製語中原來没有的構詞法,難以從模式語中借移過來,如壯語中的 AB 式和 ACCBB 式等,都没有在南寧粵語中出現。(四)即使語言間有深度的接觸關係,狀貌詞的詞型仍然是難以借移的。在這四點中,第一點和第二點牽涉到狀貌詞的來源問題,尤其重要。

5. 小結

　　本文一方面説語言接觸使南寧粵語的狀貌詞變得活躍,另一方面又強調狀貌詞借用的困難。這其實並不矛盾。在南寧,語言接觸就像一把鑰匙,啟動了當地粵語的内部演變機制——狀貌詞的數目增加了,語法功能明晰了,出現的範圍也擴大了。可是,新的狀貌詞很多時候都是用南寧粵語自身的語言資源去塑造的。壯侗語的狀貌詞没有大量地遷移到南寧粵語裏去,南寧粵語狀貌詞的基本類型也没有因接觸而有所增加。

　　我們也可以嘗試從整個粵語區宏觀發展的角度談談南寧粵語狀貌詞的特點。Matthews(2006:227－228)把廣州粵語的"ABB"式狀貌詞視爲東南亞地區語言區域的一項特徵,指出它們來自壯侗語的底層。如果此説屬實,那麼南寧粵語的狀貌詞便有兩個屬於不同時地,但模式語都是壯侗語的來源:第一批狀貌詞源於原始粵語(所有粵語方言的祖語)和原始壯侗語的接觸,時間大概是一千年前的唐宋之交,①地點在廣東境内;第二批狀貌詞則形成於早期粵語和壯侗語的接觸,時間是一兩百年前的清代中後葉,地點在廣西中南部。②

　　本章最後的一部分,簡單介紹一下桂南平話的狀貌詞後綴。從手頭上的語料看來,桂南平話的狀貌詞可以大量地出現在形容詞(例 36)、動詞(例 37－38)和述賓短語(39－40)之後。除

---

① 參看麥耘(2009)對粵語形成過程的討論,尤其是第 3 節。

② 古漢語的重疊構詞牽涉到狀貌詞的問題(孫景濤 2008;石鋟 2010)。根據我們初步的觀察,古漢語的狀貌詞和粵語的在詞型上没有直接的關係。

了"ABB"式,平話也有"ABb"式(例 41－42)。"B"和"b"一般具疊韻關係,只是聲母不同。至於高頻狀貌詞,平話有一個"喳喳",似乎和南寧粵語的 tʃa² tʃa² 相當。以下是賓陽平話和田陽那滿(廣西西部)平話的例子(余瑾等 2016:337－338,原書沒提供翻譯):

(36)賓陽平話:高□□ kɐŋ² kɐŋ²

(37)賓陽平話:動□□ fət⁸ fət⁸

(38)田陽平話:行喳喳

(39)田陽平話:飲酒□□ tɯt⁸ᵃ tɯt⁸ᵃ

(40)田陽平話:燒煙□□ pop⁸ᵃ pop⁸ᵃ

(41)田陽平話:高□□ laŋ³ kʰaŋ³

(42)田陽平話:老□□ kʰat⁷ ŋat⁷

目前平話狀貌詞的研究還是相對薄弱。期待日後的調查能進一步揭示桂南平話、壯語、粵語在狀貌詞方面的共性與差異。

第四章　方式助詞在廣西漢語 方言和壯侗語中的擴散

——源頭、過程及啟示

1.引言

在觀察廣西中南部的漢語方言時，筆者發現一種不同於其他漢語方言的語言現象："執持"（"to take"）義動詞語法化爲方式助詞（TAKE$_{MAN}$）添加在光桿動詞或述賓結構之後，[1]構成［V/VO－TAKE$_{MAN}$］格式，強調動作完成所借助的方式或手段。前人（韋慶穩、覃國生 1980:54；謝建猷 1994；歐陽覺亞 1995 等）已經留意到壯語中的方式助詞，並認爲廣西區內邕潯片粵語的方式助詞和壯侗語有關。其中歐陽覺亞（1995:51）提到：在壯語的動詞語句裏，當動作表示手段或者方式時，動詞之後要加一個［au^1］"要"，[2]南寧粵語也有這種用法，廣州粵語則沒有，例如：

---

① 爲統一術語，文中方式助詞以 TAKE$_{MAN}$ 表示，動相補語/完成體標記用 TAKE$_{PFV}$ 表示。它們都是"執持"義動詞語法化的結果。

② 壯侗語（除龍州壯語及欽州壯語外）一概標調類。

(1)武鳴壯語：bau³ haw³ ɕi⁴ ɕak⁸ au¹

　　　　　NEG 給　就 偷　要

　　　　　"不給就偷"

(2)南寧粵語：冇畀就偷攞。（不給就偷。）

　　　　　mu⁴pi³tʃɐu⁶tʰɐu¹lɔ³

(3)廣州粵語：唔畀就偷。（不給就偷。）

先前學者對廣西中南部語言中方式助詞的認識，都僅僅建立在描寫語言現象的基礎上，而未對其演變機制，或同其他語言比較所體現出的共相與殊相作詳細介紹。筆者通過田野調查發現，方式助詞不僅僅出現在南寧粵語中，廣西中南部的其他漢語方言（桂南平話、桂柳官話）也有處於動詞之後的方式助詞，而這一結構形式在廣西區內的南部、北部壯語，甚至是周邊的壯侗語（貴州毛南語、雲南西雙版納傣語，境外的泰語、老撾語）中都是普遍存在的。廣西漢語方言之所以有[V/VO－TAKE$_{MAN}$]結構，是語言發展中的存古現象？還是語言接觸而引發的語法變化？抑或是有其他動因觸發了此類結構產生？這是本章需要解決的問題。

2.廣西語言中的方式助詞

　　本章的調查點主要分佈在以下幾個區域：邕潯片粵語區（南寧、百色等）、桂南平話區（賓陽、崇左、橫縣等）和桂柳官話區（桂林、柳州）。① 邕潯片粵語的方式助詞是"攞"[lɔ³]（詞彙意義：拿）；桂南平話的是"取"[tʃʰɔ³]（詞彙意義：拿）；桂柳官話的是"要"

① 本章由黃陽、郭必之（2013）改訂而來。除特別註明出處者外，其餘語料皆由作者實際調查所得（壯語、平話、桂柳官話：黃陽；粵語：郭必之）。

[jau⁵]（詞彙意義：拿、取），全都來自各語言中固有的語素。這裏我們分別列舉廣西方言中方式助詞的例子並用普通話對應説明。例(4)－(6)是南寧粤語的例子，例(7)則取自百色粤語：

(4)南寧粤語：你係同點去南寧嘅？行攞。（你是怎麼去南寧？我們走著去南寧。）

　　　　　ni⁴hɐi⁶tʰuŋ²tim³hy⁵nam²neŋ²kɛ⁵？ haŋ²lɔ³

(5)南寧粤語：雪梨皮係批攞啊係刨左?① （雪梨批是削呢還是刨?）

　　　　　ʃyt⁷ᵇli²pʰi²hɐi⁶pʰɐi¹lɔ³a⁵hɐi⁶pʰau²tʃɔ³

(6)南寧粤語：邊個都冇係靠睡攞就當狀元嘅。（没有誰是靠睡覺就考上狀元的。）

　　　　　pin¹kɔ⁵tu¹mu⁴hɐi⁶kʰau⁵ʃui⁵lɔ³tʃɐu⁶tɔŋ¹tʃɔŋ⁵jyn²kɛ⁵

(7)百色粤語：教細蚊崽著同佢傾，冇打攞。（教育孩子需要和他談話，别依靠打的方法。）

桂南平話中，方式助詞"取"出現的句法環境比邕潯片粤語豐富，既可以出現在 V 後，也能出現在［V－O］之後（覃東生 2012:53）。(8)－(9)是賓陽平話的例子，(10)－(11)是崇左江州平話（簡稱"崇左平話"）的例子：

(8)賓陽平話：件衫你是買取之是車取？（這件衣服你是買的還是縫的?)(覃東生 2012:57)

(9)賓陽平話：今夜我冇吃飯，我吃粥取。（今晚我不吃飯，我吃

_____

①南寧粤語作爲方式助詞的"攞"和"左"可以互換（林亦、覃鳳余 2008:250)，只是"攞"更常用一些。"左"的來源並不清晰，也許是個合音詞（由一個未知的語素＋"攞"而成）。

粥。)(覃東生 2012:57)

(10)崇左平話:[青菜是燙著吃還是炒著吃?]炒取吃。(炒著吃。)

(11)崇左平話:張凳著扛取。(這張凳子得抬才行。)

桂柳官話的方式助詞"要"出現的句法位置和桂南平話一樣,有[V－TAKE_{MAN}]和[V－O－TAKE_{MAN}]兩種格式:

(12)桂柳官話:肉是蒸要的咩?(扣肉不是蒸的嗎?)

(13)桂柳官話:這凱書要一本本看要,偷懶没得的。(這些書要一本一本地看,靠偷懶是學不好的。)

(14)桂柳官話:妹妹去學校騎單車要,没走路的。(妹妹騎自行車去的學校,不是走路去的。)

(15)桂柳官話:一家人過生活靠賣水果要。(這一家人靠賣水果過日子。)

在廣西,具有方式助詞的漢語方言主要分佈在桂西南、紅水河流域的東南沿岸區域。這些區域周邊是壯族區域,有大量説壯語的人口。而在壯語中,方式助詞的身影隨處可見,使用情況十分豐富,有些情況下甚至删掉便不合語法,如(19)。方式助詞既可出現在 V後,也可處於[V－O]之後,情況和桂南平話、桂柳官話相若。

(一)[V－TAKE_{MAN}]

(16)來賓壯語:mɯŋ² kai³ ta:m¹ ʔau¹ pɯ⁶

　　　　　2SG　NEG　貪　TAKE　PRT

　　　　　"你不能貪多啊。"(張均如等 1999:840)

(17)武鳴壯語:pau⁴laɯ²ɕi⁴ bau³dai³lum⁶ ʔau¹

　　　　　誰　　也　NEG得　摸　TAKE

　　　　　"誰也不能摸。"(張均如等 1999:862)

(18)柳江壯語：tsik^{7}tai^2　　　ni^{4}waːm^{1}ʔau^1　kwa^{5}pai^{1}kaːi^{5}nwa^{2}ʔau^1

　　　　　　CLF桌　　這抬　TAKE　過　去　NEG挪　　TAKE

　　　　　　"桌子得抬過去，別挪過去。"(馬文妍 2011：28—30)

(19)欽州壯語：ku^{33}　　　nun^{44}　au^{44}　　leːu^{33}　ɬui^{44}

　　　　　　1SG　　站　　TAKE　看　　書

　　　　　　"我站著看書。"(潘艷紅、博艾敦 2012：168)①

(20)大化壯語：son^{1}lɯk^{8}ŋe^2　teːŋ^{1}rɯːŋ^2　te^1　to^{4}jaŋ^1　　ʔau^1

　　　　　　教　孩子　　須　跟　　3SG商　量　　TAKE

　　　　　　kai^{5}ta^3　ʔau^1

　　　　　　NEG打　TAKE

　　　　　　"教育孩子必須和他談話，不要靠打。"

(21)德保壯語：juŋ^{6}føɣ^{2}lek^{7}ʋon^{4}ʔɐu^1　kon^5

　　　　　　用　錘　鐵　敲　TAKE先

　　　　　　ʔja^5　kon^{1}juŋ^{6}nɐm^4　kiu^{1}ma^{2}nem^1　ʔɐu^1

　　　　　　然後　才　用水　　膠　來　黏　　TAKE

　　　　　　"先用鐵錘敲，再用膠水黏。"

(22)靖西壯語：tu^{1}ɕau^{3}tam^3　　　au^1　　tsu^{3}nai^{3}kin^1

　　　　　　花生　煮　　　TAKE　才　好　吃

　　　　　　"花生要靠煮著才好吃。"(黃陽 2010：66)

(二)[V－O－TAKE$_{MAN}$]

(23)武鳴壯語：mɯŋ^2　　plaːi^3　ʔau^1　ɣo^{4}nau^{2}naŋ^{6}ɕi^1　ʔau^1

　　　　　　2SG　　走　　TAKE　還是　坐　車　TAKE

　　　　　　"你走路還是坐車？"

---

①這裏根據原文標出調值。

(24)大化壯語：raːn² vun² nei⁴ kwa⁵ sɯɯn⁵ ho⁶ kaːu⁴　kai¹ piŋ³ ʔau¹
　　　　　　　　家　人　這　過　生活　靠　賣　餅　TAKE
　　　　　　　“這一家人靠賣大餅過日子。”

(25)巴馬壯語：te¹　　　　pai¹ ɕaːŋ⁵ haːi⁴　naŋ³ ho⁴ ɕe⁴　ʔau¹
　　　　　　　　3SG　　去　上海　　坐　火車　　TAKE
　　　　　　　“他坐火車去上海。”

(26)德保壯語：pei¹ køɤ⁴　　kʰɐu³　ʔdɐi³　　lai¹
　　　　　　　　年　今　　稻米　　得　　多
　　　　　　　tsøɤ⁶　kʰau³ lau⁴ ke⁵　tʊk⁷ ʔja¹ ʔɐu¹
　　　　　　　是　　依靠　爸爸　　撒　藥 TAKE
　　　　　　　“今年莊稼收成好，是靠爸爸撒了農藥。”

以上羅列的語料包括了南部壯語及北部壯語的情況。由此可見，
方式助詞廣泛地分佈在壯語中。這裏引起我們注意的是，在壯語
南部方言中，還有一個位於動詞和賓語之間的［ʔau¹］，而處於此位
置的“執持”義動詞已經不再強調動作進行所借助的方式和手段，
而是表明動作的完成、結果或事件的實現：①

(27)靖西壯語：jaŋ² kam¹　au¹　　i³　　kʰau³　neːu³
　　　　　　　　還　取　　TAKE　CLF　米　　1
　　　　　　　hɔːi³ tʰei¹ pai¹ lun²　pai¹ theːm¹
　　　　　　　給　拿　去　家　　去　再
　　　　　　　“還取了些米讓他再拿回家。”（鄭貽青 1996：292）

───────────────

① 欽州壯語屬壯語南部方言，但作爲方式助詞的［au⁴⁴］既不能出現在 V 和 O
中間，也不能出現在［V－O］之後，必須把 O 話題化置於句首位置才能接
受，如 tʰu³³ pa⁴⁴ ni³³ tʰo :i⁵³ -lau³³ tsi :n⁴⁴ au⁴⁴ kun³（CLF－魚－這－1PL－煎－
TAKE－吃）“這條魚，我們煎著吃。”參看潘艷紅、博艾敦（2012：170）。

(28)龍州壯語：tu^1　ma^1　nai^{3}ne^5···　　kʰoːp^7　ʔau^1　tu^1

　　　　　　　CLF狗　這　PRT　　　咬　　　TAKE CLF

　　　　　ɬɯ^{1}luk^8　nai^3

　　　　　虎 子　　這

　　　　　"這隻狗呢···咬住這個小老虎。"（李方桂 2005a
　　　　　[1940]：117）

不僅是廣西區內語言，廣西周邊的壯侗語及境外的標準泰語和老
撾語中也有一個位於動詞或動賓之後的方式助詞：

(29)毛南語：man^2　ʔaːu^{1}ʔaːu^1　　kam^3　ʔdai^4　ljak^7　ʔaːu^1

　　　　　　3SG　拿 TAKE　　NEG　得　偷　　TAKE

　　　　　"別人不允許他拿，他只有靠偷。"（Lu 2008：220－222）

(30)毛南語：man^{2}lɔŋ^{2}dzət^{8}liːu^{5}mbap^7　laːk^{8}kje^{3}ʔaːu^1

　　　　　　3SG 生 氣　PFV打　　孩子　TAKE

　　　　　"他生氣了，就要去打孩子。"（Lu 2008：220－222）

(31)西雙版納傣語：taːm^{1}to^1　　pɛŋ^{1}ʔau^1

　　　　　　　　親自　　做 TAKE

　　　　　　"靠親自做的？"（羅美珍 2008：114）

(32)標準泰語：*phàkbũŋ*　　*níː tham*　*ʔarɔi*　*ciŋciŋ*

　　　　　　蔬菜　　　TOP 煮　美味　的確

　　　　　mâimi: ʔarai rɔːk phàt　*ʔau*

　　　　　NEG　什麼　PRT 炒　　TAKE

　　　　　"This vegetable is truly cooked deliciously, nothing
　　　　　much to do it, I just stir-fried it."（Jagacin-ski 1992）

(33)標準老撾：*laj^1 ñaat^4-qaw^3*　*tòòn^1*　*siin^4[nam^2　maa^3]*

　　　　　　追 搶 TAKE CLF　肉　CONJ　狗

"［She］chased the dog to grab the lump of meat from it."（Enfield 2007：378）

無獨有偶,和南部壯語一樣,部分周邊壯侗語中也有位於述賓結構之間的［ʔau¹］:

(34)西雙版納傣語:jok⁸ʔau¹ tʰi³dɛŋ¹suŋ¹suŋ¹

　　　　　　　舉 TAKE 旗 紅　高　高

　　　　　　　"高高舉起紅旗。"（羅美珍 2008:116）

(35)標準泰語:*lɯak ʔau　　sí:　di:di:　nòi*

　　　　　　　選　TAKE　顏色好　　　點

　　　　　　　"Pick the better coloured ones."（Jagacinski 1992）

下表歸納了"執持"義動詞在各語言中的語序分佈,以及它所表達的語法功能:

表 1:"執持"義動詞在廣西及周邊語言的分佈

語言分佈			[V—TAKE_{MAN}]	[V—TAKE_{PFV}]	[V—TAKE_{MAN}—O]	[V—TAKE_{PFV}—O]	[V—O—TAKE_{MAN}]
廣西	粵語	南寧	√	×	×	×	×
		百色	√	×	×	×	×
		賀州	×	×	×	×	×
		玉林	×	×	×	×	×
		平南	×	×	×	×	×
	平話	賓陽	√	×	×	×	√
		崇左	√	×	×	×	?

續表

語言分佈		$[V-TAKE_{MAN}]$	$[V-TAKE_{PFV}]$	$[V-TAKE_{MAN}-O]$	$[V-TAKE_{PFV}-O]$	$[V-O-TAKE_{MAN}]$
官話	橫縣	√	×	×	×	?
	南寧	√	×	×	×	?
	桂林	√	×	×	×	√
	柳州	√	×	×	×	√
壯語	武鳴	√	×	√	√	√
	柳江	√	×	×	×	√
	巴馬	√	×	×	×	√
	來賓	√	×	×	×	√
	橫縣	√	×	×	×	√
	大化	√	×	×	×	√
	德保	√	√	×	√	√
	靖西	√	√	×	√	√
	龍州	√	√	×	√	√
雲貴境外 壯侗語	毛南	√	×	×	?	√
	傣語	√	×	×	√	√
	泰語	√	√	×	√	×
	老撾	√	√	×	√	×

表中"√"表示該語言具有此句法結構及其功能;"×"表示在該語言中不見此結構。而由於語料的局限性,某些語言中不確定是否有該結構時,使用"?"表示。

3."執持"義動詞的語法化

　　"執持"義動詞是表示"持"、"取"、"捉"、"將"、"把"、"拿"等意義的動詞。Heine & Kuteva(2002:286)列舉了"執持/獲取義"動詞(take/seize verb)在世界語言中可能存在的七種語法化路徑:(一)"執持"義動詞>使役標記(TAKE>Causative);(二)"執持"義動詞>伴隨標記(TAKE>Comitative);(三)"執持"義動詞>動相補語/完成體標記(TAKE>Completive);①(四)"執持"義動詞>將來時標記(TAKE>Future);(五)"執持"義動詞>工具介詞>方式助詞(TAKE>Instrument>Manner marker);(六)"執持"義動詞>受事論元標記(TAKE>Patient);(七)"執持"義動詞>領屬謂語標記(TAKE>H-possessive)。而其中第(三)、(五)種情況在我們考察的廣西語言中普遍存在。一個語法演變從發生、擴散到最終完成是一個較長的歷史過程(吳福祥 2005b)。從歷時的觀點來看,語法形式不會突然從一種範疇轉變爲另一種範疇,而是會經歷一系列細微的過渡;從共時角度看,可以把它看成是一個"連續體"(Hopper & Traugott 2003:7),在某一時間並存著來自於不同歷時階段的產物。在廣西的語言中,仍能從共時語料中觀察到歷時發展的痕跡。因爲在這些語言中,方式助詞同時具有"執持"義動詞和工具介詞的句法功能。(36)中的"攞"、(37)的"取"、(38)的"要"、(39)—(41)的[ʔau¹]皆作工具介詞用:

(36)百色粵語:奶奶編晒個繡球攞絲帶。(奶奶用絲帶編了個繡球。)

————————

①"Completive"相當於本章的"完整體"(perfective)。

(37)賓陽平話：老雞母著取高壓鍋來煲啊得。（老母雞要用高壓
　　　　　鍋來炖才行。）（覃東生 2012:71）

(38)桂柳官話：老摳人要手來吃飯，没要筷條。（老摳人用手抓著
　　　　　吃飯，不用筷子夾。）

(39)武鳴壯語：xun² la:u³ ʔo¹ kɯ¹ xou⁴ ʔau¹　faɯ²　mi³　ʔau¹　taɯ⁶

　　　　　老摳人　　吃 飯 TAKE 手　　　NEG TAKE 竹條

　　　　　"老摳人用手抓著吃飯，不用筷子夾。"

(40)毛南語：ɦie²　ʔa:u¹　dzo⁶　　taŋ¹ na⁴ ʔu⁵

　　　　　1SG　TAKE　筷子　　來 吃 肉

　　　　　"我用筷子夾肉吃。"（Lu 2008:316）

(41)西雙版納傣語：taŋ²　lai¹　tso² kan¹　ʔau¹　　　nam⁴

　　　　　大家就　　約 相互 TAKE　　　水

　　　　　ma² saʔ⁸ soi⁶　nam⁴　　ʔo⁵　nam⁴　nau⁶

　　　　　來 洗滌　　水　　　臭　　水　　腐朽

　　　　　"大家就相約用［清］水來洗滌腐臭的水。"（羅
　　　　　美珍 2008:235）

"工具"和"方式"是兩個在概念空間中密切相關的部分。吴福祥
（2003a）從類型學角度，對古漢語文獻及中國境内方言和民族語
言中伴隨介詞的語法化情況進行了考察，認爲漢語存在"伴隨介
詞＞工具介詞＞方式介詞"的演變類型。張敏（2010）借用語義圖
模型（semantic map model），進一步論證了"工具"和"方式"在概
念層面上的内在聯繫。作者隨後將目光放在漢語方言主要間接
題元的多功能模式上，從而繪製了漢語間接題元的語義圖。在此
圖中工具接點及方式接點密切相連。不同的語言會採用不同的
策略來表達方式範疇，某些印歐語言及非洲語言中表達工具和方

式的語義範疇時使用同一個旁語（oblique）標記，例如德語的
"mit"（Heine et al. 1991:254—256）和英語的"with"（張定 2010:
151）。由此可見，工具介詞和方式介詞的關係十分密切。我們認
爲當工具介詞後是意義比較抽象的名詞或名詞短語時，就很容易
語法化爲方式介詞。而廣西漢語方言、壯語及周邊壯侗語中，工
具介詞進一步語法化爲方式助詞，它更像是一個黏著語素，和動
詞及動詞短語黏著在一起，語法化程度比方式介詞更高。這條演
變的路徑在中國境內的語言是極其少見的。① 根據廣西區內語
言的情況，我們繪製出一條"執持"義動詞的語法化路徑：

　　　"執持"義動詞＞工具介詞＞（方式介詞）＞方式助詞

　　在廣西部分漢語方言、北部壯語和南部壯語中，"執持"義動
詞都經歷了這一條語法化的路徑。注意在這條語法化路徑中，我
們標出了"方式介詞"。雖然由於語料局限，目前在廣西語言中還
沒發現此語法功能，但由於在其他語言中有豐富的例子，這裏將
其處理爲"執持"義動詞語法化鏈條中的一個階段，相信是沒有問
題的。

　　在壯語南部方言（靖西、德保、龍州等），以及周邊一些與壯語
有密切發生學關係的壯侗語中（傣語、泰語、老撾語），"執持"義動
詞可以位於動詞和賓語之間，構成[V－TAKE$_{PFV}$－O]格式，標示
動作的完成、結果或事件的實現，如：

———————————

① 四川西南官話中動詞"過"有時可以添加在光桿動詞之前。依當地人的語
　感，這個"過"表示動作行爲所實現的方式或手段（如：殺豬，腳桿要弄大刀
　過砍）。而在官話區，很多方言都有［過－V］或［過－ADV－V］表達動作
　方式（董紅明 2009）。但是在西南官話中只有少數方言點的工具介詞用
　"過"（如四川渠縣：娃兒點都不聽話，莫過手抓嘛，浪唉髒）。

(42)靖西壯語：jaŋ²kam¹au¹　　i³　kʰau³　neːu³
　　　　　還 取　　TAKE CLF米　　1
　　　　　hoːi³tʰei¹pai¹lun²pai¹tʰeːm¹
　　　　　給 拿 去 家 去 再
　　　　　"還取了些米讓他再拿回家。"(鄭貽青 1996：292)＝
　　　　　(27)

(43)西雙版納傣語：pʰot⁹　ʔau¹　kun²ʔɔk⁹nam⁴　　ma²
　　　　　救　　TAKE 人 出 水　　來
　　　　　"救了人出水來。"(羅美珍 2008：116)

(44)標準老撾：*mii²khon²ma⁰tat²qaw³　khèèn³paj³　khèèn³nùng¹*
　　　　　有 人 來 砍 TAKE 手臂 去　　手臂 1
　　　　　"Someone came and cut one of his arms off."
　　　　　(Enfield 2007：127)

曹廣順(1995：62—64)論述了近代漢語中"獲取"義動詞的虛化情況。他認爲：表示"取得"、"得到"義的動詞,在魏晉南北朝時期出現在[V—取]和[V—取—O]格式中充當並列動詞和補語。從唐代開始,此結構中的"取"詞義進一步語法化爲助詞,表示動作實現或獲得的結果,和動態助詞"得"的功能相近,經歷了"'取得'義動詞＞'取得'義結果補語＞完成/持續動態助詞"的語法化路徑。吳福祥(2001,2002)和洪波、谷峰(2005)進一步闡述了近代漢語中"獲取"義動詞的語法化情況,修正了曹廣順(1995)的某些觀點,將"獲取"義的語法化鏈條勾勒爲"'獲取'義動詞＞動相補語＞完成體標記"。以上學者所關注的雖然是近代漢語,但是無疑可以爲"獲取"義動詞的語法化提供一個參照模式。壯語南部方言和周邊某些壯侗語中處於述賓結構之間的"獲取"義動詞已經由動詞語法化爲一個助詞，表明動作和事件的完成或實現的情況。這種壯語和漢語平行發展的情況體現了"執持/獲取"義動詞的另一條語法化路綫：

　　"獲取"義動詞＞結果補語＞動相補語＞完整體標記

　　一個語源成分在不同的句法環境裏（同時或先後）發生幾個相對獨立的語法化過程，即"A＞B；A＞C；A＞D"，稱爲"多向語法化"（poly-grammaticalization）（吳福祥 2009a，2009b）。"執持/獲取"義動詞在廣西諸語言中正是經歷了這個過程。廣西的漢語方言和壯語，"執持/獲取義"動詞都語法化爲方式助詞；在廣西壯語南部方言及周邊某些壯侗語語言中，"執持/獲取"義動詞除了有這一演變外，還語法化爲表示動作完成或實現的動相補語/完成體標記。圖 1 綜合了"執持/獲取"義動詞在廣西諸語言及周邊壯侗語中的"多向語法化"路徑：

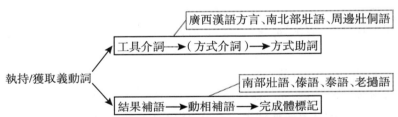

圖 1："執持/獲取"義動詞在廣西諸語言及泰語、老撾語中的語法化路徑

　　邕潯片粵語、桂南平話、桂柳官話和壯語這四種位於廣西中南部的語言/方言，同時都經歷了"'執持'義動詞＞方式助詞"的過程。這是純粹的巧合？還是有別的原因？解決這個問題，要認清幾個事實：（一）雖然"執持義動詞＞方式助詞"屬正常的語法化路徑，但漢語裏卻非常罕見，目前只知道存在於本文所調查的三種方言裏。除了一個例外，其他方言點都集中在廣西中南部，而且幾乎都是緊密相連的；①（二）其他地區的粵語方言（如廣州話）和官話方言（如北京話）基本上都沒有方式助詞。在這些方言的早期口語文獻裏也沒有任何發現；②（三）相反，源自"執持"義動詞的方式助詞在壯侗語大部分語言中都可以找到，估計在各語言分裂以前就已經形成了；（四）壯語和廣西的漢語方言有長期而深入的接觸關係。不少壯族人都是雙語人，甚至是多語人。根據上述的認識，我們有理由相信："執持"義動詞之所以在三種漢語方言語法化爲方式助詞，是語言接觸的結果。説得更明白一點，就是漢語方言和壯語接觸了以後，産生了方式助詞。③ 在整個語言接觸的過程中，壯語應該是模式語，廣西漢語方言是複製語。

4. 語言接觸及複製語法化

現在我們知道：在接觸的過程中，壯語是模式語，是它把"'執

---

① 根據陳衛强（2011）的報道，廣東從化粵語（廣府片）的"要"義動詞"取"[tsʰuˀ]可作方式助詞用，如"條魚蒸取乜就煎取？"（這條魚是蒸的還是煎的？）、"跑取肯定到先"（跑肯定先到）。這是已知唯一一種在廣西以外擁有[V—TAKE_MAN]格式的漢語方言。我們不知道從化方言方式助詞"取"從何而來。也許它是古漢語的遺留，也許是語言内部語法化的結果。當然，也有可能跟廣西那幾種漢語方言一樣，源自語言接觸。

② 平話的來源還有相當大的爭議（參考本書第一章），而且幾乎所有方言都處於語言接觸頻繁的地區，又沒有早期口語語料可資參考。所以這裏先看粵語和官話的情況。

③ 洪波、谷峰（2005：97）認爲平話的[V—取]是保留了古漢語的用法。這種可能儘管不能完全抹煞，但考慮到平話的地理位置，以及它和壯語的關係，我們還是比較相信作爲方式助詞的"取"來自語言接觸。

持'義動詞＞方式助詞"這條語法化路徑帶到鄰近的漢語方言的。接下來嘗試解答三個問題：（一）"遷移"的具體過程是怎麽樣的？（二）爲什麽邕潯片粵語、桂南平話和桂柳官話不約而同地都把"執持"義動詞的語法化路徑從壯語中"複製"過來？（三）方式助詞形成了以後，對幾種漢語方言的語法體系産生了什麽影響？

　　首先要釐清一點。本文例子的"遷移"是發生在語義層面上的，並不牽涉借詞。壯語的[ʔau¹]、南寧粵語的[lɔ³]、賓陽平話的[tʃʰɔ³]和桂柳官話的[jau⁵]，雖然都有"執持"之義，但讀音毫不相干。在這種情況下，我們可以認定這個例子屬於"語法複製"。更具體一點，是"接觸引發的語法化"（參看 Heine ＆ Kuteva 2005）。"接觸引發的語法化"是語法化的一種。它跟語言內部語法化只有一處不同的地方：它是由語言接觸引起的，而不是由語言內部驅動而成的。語法化的原則（如"單向性原則"），也完全適用於"接觸引發的語法化"。

　　Heine ＆ Kuteva(2005)把"接觸引發的語法化"分爲兩大類型，即"通常性接觸引發的語法化"（ordinary contact-induced grammaticalization）和"複製語法化"（replica grammaticalization）。① 它們的分別，在於後者的模式語向複製語提供了範疇模式和比較完整的、可以複製的語法化模式，而前者"語法複製的效果只限於複製語産生一個與模式語範疇模式對等的範疇"（參看吳福祥 2009a：207 的介紹）。本文的例子，無論是模式語（壯語）的[ʔau¹]，抑或是複製語（漢語方言）的[lɔ³]、[tʃʰɔ³]、[jau⁵]，它們的語源（"執持"義動詞）和語法化結果（方式助詞）都非常一致，因此毫無疑問屬於"複製語法化"。"複製語法化"有四個步驟。以

――――――――――

① 有關語言接觸術語的漢語翻譯，參考吳福祥（2009a，2009b）。

下是 Matthews & Yip（2009：371－372）在 Heine & Kuteva（2005）的基礎上所作的修訂方案：①

（一）掌握 M 語（模式語）能力的 R 語（複製語）使用者，留意到 M 語有 Mx 這樣一個語法範疇。

（二）他們在 R 語中，根據自己語言中原有的資源去創製一個與之對應的範疇 Rx。

（三）呈現在 R 語使用者面前的，是 M 語中某些語素同時擁有幾個功能的局面。R 語使用者複製多功能語素的方式，是採用類比，即：[My～Mx]：[Ry～Rx]。“～”代表聯繫詞彙功能（y）和語法功能（x）的連續統（continuum）。換言之，R 語的使用者在建立好 My 和 Ry 的對應關係以後，就直接把 My 的其他功能（例如語法功能 Mx）“複製”到自己的語言裏去。

（四）最後，他們把 Ry 語法化爲 Rx。

把這四個步驟落實到“執持”義動詞多功能性的“複製”上，那就是：

（一）掌握壯語（模式語）能力的漢語方言（複製語）使用者，留意到壯語有一個來源於“執持”義動詞的多功能範疇 Mx。

（二）他們在自己的漢語方言中，根據自己語言中原有的資源，用“執持”義動詞去創製一個與之對應的範疇 Rx，包括邕潯片粵語的“擸”、桂南平話的“取”及桂柳官話的“要”。

（三）於是，漢語方言的使用者採用類比的方式[My～Mx1～Mx2]：[Ry～Rx1～Rx2]把 My 的多功能模式（例如工具介詞和

---

① Matthews & Yip（2009）的修訂集中在（a）和（c）兩個步驟上。關於這些修訂的合理性，參看郭必之、林華勇（2012）。

方式助詞等語法功能）"複製"到自己的語言裏去。

　　（四）最後，他們把 Ry 語法化爲 Rx1 和 Rx2。

可能有人會問：跟壯語比較，漢語方言在廣西地區應該是優勢方言，漢語的使用者似乎沒有必要懂壯語。可是（一）卻説"複製"源自"掌握壯語能力的漢語方言使用者"。這個假設是否合理？我們知道，廣西地區的壯族社群曾經發生過大規模的語言轉用，許多壯族人都放棄了自己的母語，改説當地的漢語方言（參看第一章）。這種情況即使到了今天還是持續不斷（鄒嘉彥等 2009）。（一）所説的"掌握壯語能力的漢語方言使用者"，大部分其實是改説漢語方言的壯族人。這個例子雖然涉及語言轉用，但"複製語法化"的模式和過程都不會因此而有所改變（Heine & Kuteva 2010:100－101）。① 步驟（三）也值得注意。漢語方言所"複製"的，除了方式助詞外，還有其他語法概念或語法意義如工具介詞等。也就是説，語法化的過程並不是一步到位的。② 另一方面，上述的"複製語法化"波及至少四種語言/漢語方言，符合"語法化區域"（grammaticalization area）的定義，即：一組地理上相鄰的語

---

①"語言在接觸的過程中有沒有發生轉用"在 Thomason（2001）的研究中佔很重要的地位。她更據此把接觸引發的演變分爲兩類："借用"和"轉用引發的干擾"。但"語法複製"的情形有點不一樣：無論是"借用"，抑或是"轉用引發的干擾"，都會產生"複製"，而且它們所經歷的步驟是完全一樣的。

②早期粵語和現代廣州粵語基本上都不用"攞"作工具介詞。張雙慶（2000：239）討論香港粵語的介詞時雖然把"攞"包括在內，但他同時認爲"攞""動詞的色彩還是很重"，應該歸入"部分虛詞"。像（36）那種用法，香港粵語肯定是不能接受的。因此，我們認爲在接觸的過程中，粵語所"複製"的除了方式助詞外，還有工具介詞。同樣地，官話方言的工具介詞一般是"用"（北京大學 1995:611），不是桂柳官話的"要"。

言,因語言接觸的關係而經歷了相同的語法化過程(Heine &
Kuteva 2005:182)。本文處理的四種語言,粵語、平話和西南官話
雖然都是漢語的一員,但只要能證明它們某些語法化過程是由接
觸而來的,而不是上承祖語,或源自平行發展,那就無損於"語法
化區域"的成立了。事實上,世界上許多知名的語法化區域,如巴
爾幹,涉及的語言基本上都是同一語系的不同語言(Heine &
Kuteva 2005:187-199)(參看第一章)。至於"遷移"的模式,目前
只能確定壯語是總源頭。漢語方言的"複製"到底是直接來自壯
語還是經由另一種方言間接輸入(見圖2)? 目前沒法回答。

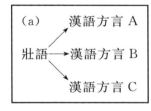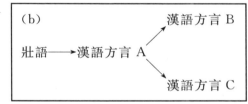

圖 2:"執持"義動詞多功能性的"遷移"模式:幾個可能的方案

　　至於爲什麼邕潯片粵語、桂南平話等方言都把"執持"義動詞
的語法化路徑從壯語中"複製"過來? 筆者也沒有確實的答案。
不過,根據初步的調查,Mx 的選擇應該和它的出現頻率有關。廣
西中南部的語言有幾個相當矚目的"區域特徵"(見第一章),大多
涉及多功能語素,出現頻率極高。Ansaldo(2009:115-118;134)
綜合了前人的看法,認爲詞頻和"複製"有一定的關係。大概的原
則是:出現頻率越高,被"複製"的機會就越大。本文的例子支持
他的觀點。當然,如果希望此說更有說服力,就必須做大量的統

計分析。這裏暫時只能提出一個大致的傾向。

林亦、覃鳳余(2008:250)把南寧粵語動詞後的"攞"視爲"動詞詞綴"。她們這樣歸類,某程度上説明了處理這類"新興"助詞的窘境。一般漢語方言都没有"方式助詞"。所以如果採用傳統的漢語語法框架來描寫,那只能把動詞後的"攞"歸入"動詞詞綴"。"執持"義動詞在邕潯片粵語、桂南平話和桂柳官話中語法化爲方式助詞,使這些方言的助詞系統,尤其是動詞後置成份更加豐富。前面提過的"去"義語素(詳見第六章)和"多"義語素,經"接觸引發的語法化"後統統都置於動詞或動詞短語之後的。後置成份是 SVO 語言其中一種表現,而壯侗語正是典型的 SVO 語言。① 不妨説,在接觸之後,邕潯片粵語、桂南平話和桂柳官話向更典型的 SVO 類型靠攏。

5. 結論

不少前輩學者已經指出:源於"執持"義動詞的方式助詞在廣西中南部地區的語言中反覆出現,而這種現象很可能和語言接觸有關。我們在此基礎上作了下述補充:(一)"執持"義動詞的多功能性主要分布在壯侗語、邕潯片粵語、桂南平話和桂柳官話裏,其中壯侗語的表現尤其突出,語法化程度也比漢語方言的高;(二)"執持"義動詞語法化爲工具介詞及方式助詞,在世界其他語言中也有所發現,符合一般的語法化規律;(三)通過比較,發現"執持"義動詞的多功能性是由壯語"遷移"到漢語方言裏去的;(四)具體

---

①漢語雖然一般採用 SVO 語序,但它很多方面倒與 SOV 有更多共通點(劉丹青 2002:2)。

的"遷移"方式,是"複製語法化";(五)"執持"義動詞的多功能性是廣西中南部地區這個"語法化區域"其中一個現象;(六)方式助詞的出現,使邕潯片粵語、桂南平話和桂柳官話的語言類型出現一定的改變,使它們向更典型的 SVO 類型靠攏。①

---

① 在本書即將付梓之際,讀到覃東生、覃鳳余(2018)。他們討論了廣西漢語方言方式助詞的來源問題,其觀點與本章有所不同。讀者可以參看。

第五章　南寧粵語動詞前置成分
"得"的來源及其多功能性

1. 前言

南寧粵語的"得"［tɐk^{7a}］(或標寫爲｛ACQ｝,即"acquire"的縮寫)①是一個多功能語素。它除了有"獲取"這個詞彙意義外,還可以出現在主要動詞的前面或後面,表達一些與情態(modality)相關的功能。相對於廣州粵語而言,南寧粵語"得"的用法比較自由,因爲前者的"得"主要只出現在動詞後的位置。②

本章的焦點是南寧粵語置於動詞前(下文或簡稱"前置")的"得"。撰寫的目的有以下幾個:

(一)根據第一手田野調查資料,闡述它的各項功能;③

(二)根據古漢語和早期廣府粵語(或簡稱"早期粵語")的文獻,解釋它的來源以及重構發展路徑;

---

① "｛ACQ｝"除了表示漢語(包括古漢語、現代漢語和粵語)的"得"外,還表示東南亞語言(如壯語、老撾語)中"獲取"義語素。

② 關於廣州粵語"得"的用法,參閱 Matthews & Yip(1994)、陸鏡光(1999)和 Sybesma(2008)。

③ 除非另有說明,否則本章所有南寧粵語和廣州粵語的語料均取自田野記錄。

　　(三)説明南寧粵語前置"得"之所以形成,牽涉到語言接觸的因素,特別是跟壯語的接觸;

　　(四)將這個個案套入由 Enfield(2001,2003)建立的東南亞語言{ACQ}語素多功能性理論框架中,並驗證他的模式能否充分解釋南寧粵語"得"作爲動詞前置成分的用法。

　　我們期待本章的發現不單能闡明南寧粵語的語法問題,還能揭示出語言接觸的一些機制。

2. 現代南寧粵語及其祖語中的前置"得"

　　本部分主要分析在現代南寧粵語、古漢語和早期粵語中前置"得"的功能。一般都認爲:粵語經歷了"古漢語＞早期粵語＞現代廣州粵語/現代南寧粵語"的綫性發展。如果承認這個假設,那麽南寧粵語前置"得"的大部分功能應該都可以追溯到早期粵語,甚至古漢語。然而,我們所得出的結果並不符合這個假設。

　　我們的調查顯示,前置"得"是南寧粵語中最常見的情態助動詞,可以自由地出現在肯定句和否定句中。它也是一個多功能成分,至少表達了四種看似無關的意義:(一)先事結果("result of prior event"-reading,有點像體的情態意義);(二)道義(容許)情態(deontic modality, permission);(三)寬鬆的"過去時"(loose "past tense");(四)被動(passive)。①

　　Enfield(2003)提出"先事結果"這一術語,用來指稱東南亞某些語言(例如泰語、老撾語等)前置成分{ACQ}的一種特殊功能,後

---

① 林亦、覃鳳余(2008:284)只提到南寧粵語前置"得"作爲"先事結果"(她們稱爲"主客觀條件的許可")的解讀。

來 Bisang(2004)和 Sybesma(2008)對這個術語作出了進一步解釋,如 Sybesma(2008:231)指出這個標記描述一個"只能因先前其他事件而產生"("can only have come about due to prior other event")的事件。值得注意的是,在南寧粤語裏,同一個句子的"得"有時既可解讀爲"先事結果",也可理解爲道義情態。根據 Palmer(2001:9—10),道義情態聯繫到就法規等外部因素而言的"義務"(obligation)或"容許"(permission)。① 在語境不明的情況下,我們不容易辨識"得"究竟是指"先事結果",還是指"道義情態"。② 以下一些來自南寧粤語的例子,都有兩種詮釋。③

(1)南寧粤語:阿座山冇得爬上去

a⁵tʃɔ⁶ʃan¹mu⁴tɛk⁷ᵃpʰa²ʃœŋ⁴hy⁵

先事結果:"(We)do not have the chance to climb that mountain."

道義情態:"This mountain is not allowed to climb."

(2)南寧粤語:佢又得去香港,又得去歐洲

kʰy⁴jɐu⁶tɛk⁷ᵃhy⁵hœŋ¹kɔŋ³,jɐu⁶tɛk⁷ᵃhy⁵ɐu¹tʃɐu¹

先事結果:"S/He gets to go to Hong Kong and Europe."

---

① 關於不同情態的進一步討論,可參閱 Palmer(2001)。

② 類似這種由前置成分{ACQ}引起的多重詮釋,還可以在壯侗語系的語言中反複看到。在處理老撾語前置成分{ACQ}的語義時,Enfield(2003:158)指出了它最值得注意的兩個特徵:(一)詮釋上對語境的高度依賴性;(二)語用詮譯的範圍。

③ 漢語助動詞"能"、"可以"等就像南寧粤語前置"得"一樣,往往有不同解讀。爲了清晰起見,本章涉及方言和民族語言的例句一概給出英語翻譯。

道義情態："S/He is allowed to go to Hong Kong and Europe. "

(3)南寧粵語：做工陣時冇得傾偈

tʃu⁵kuŋ¹tʃɐn⁶ʃi²mu⁴tɐk⁷ᵃkʰɐŋ¹kɐi³

先事結果："（You）would not get the chance to chat when you are working. "

道義情態："（You）are not allowed to chat when you are working. "

(4)南寧粵語：得睡多十分鐘

tɐk⁷ᵃʃui⁶to¹ʃɐp⁸fɐn¹tʃuŋ¹

先事結果："（You）get to sleep for 10 more minutes. "

道義情態："（You）are allowed to sleep for 10 more minutes. "

(5)南寧粵語：教室裏底得食嗎？

kau⁵ʃɐt⁷ᵃlui⁴tɐi³tɐk⁷ᵃʃek⁸ma⁴

先事結果："（Do we）get to eat inside the classroom?"

道義情態："Is it allowed to eat inside the classroom?"

在例(1)中，如果語境中的"阿座山"（"那座山"）是私人地方，不對外開放，那麼把前置"得"理解爲道義情態，看來是最合理的詮釋。但是，換一個情境，"得"就應理解爲"先事結果"，如：當地發生了山崩，道路被阻隔，不可能上山了。在這個情境下，"山崩"是"先事"，它引致"沒有路徑上山"這個結果。"得"在這個表"先事結果"的用法下,同時暗示了在没有山崩的情況下,那座山是可能攀爬的。例(5)的解讀偏向爲道義情態,因爲衆所周知教室内一般是不容許飲食的;然而,"先事結果"的解讀也並非完全不可能。如果這個句子是在學期的最後一天,在教室内舉行結業派對時説出來,那就十分合理了。其他三例,在不同的語境下都有兩種詮釋。

南寧粵語後置"得"與前置"得"的功能不同。前者通常和施事者的能力有關。Palmer(2001:10)認爲"能力"(ability)是動力情態(dynamic modality)的一種,主要表達主體的身體和精神力量。爲了呈現南寧粵語前置"得"和後置"得"的差異,我們將例(6)、(7)與(1)、(2)進行比較,這兩組句子的區別只在於"得"在句子中的位置。例(6)和(7)的"得"出現在動詞後頭。

(6)南寧粵語:阿座山冇爬得上去

a⁵tʃɔ⁶ ʃan¹ mu⁴ pʰa² tɐk⁷ᵃ ʃœŋ⁴ hy⁵

"(I am)unable to climb that mountain."

(7)南寧粵語:佢又去得香港,又去得歐洲

kʰy⁴ jɐu⁶ hy⁵ tɐk⁷ᵃ hœŋ¹ kɔŋ³, jɐu⁶ hy⁵ tɐk⁷ᵃ ɐu¹ tʃɐu¹

"S/He is able to go to Hong Kong as well as Europe."

例(6)表示施事者可能由於健康或體力問題,所以不能爬山;像例(1)那種表示"允許"或"先事結果"的解讀,對於本句而言是不能成立的。同樣的情況也見於例(2)和(7)。由此可見,南寧粵語前置"得"和後置"得"的用法呈現出完全成熟的分工。

在某些場合下,南寧粵語前置"得"和近似"過去時"的語境相容。這類的前置"得"經常伴隨著後綴"過"[kɔ⁵]("過"爲經歷體標記,詞彙意義爲"經過")。

(8)南寧粵語:得聽見佢講過阿件事

    tɐk^{7a}tʰɛŋ^{1}kin^{5}kʰy^{4}kɔŋ^{3}kɔ^{5}a^{5}kin^{6}ʃi^6

    "(I)really heard him/her mention this."

(9)南寧粵語:我得見過佢啼哭

    ŋɔ^{4}tɐk^{7a}kin^{5}kɔ^{5}kʰy^{4}tʰɐi^{2}huk^{7a}

    "I really saw him/her cry."

但是,由於東南亞大陸語言沒有嚴格意義上的過去時(Bisang 2004:119),所以這個前置標記並不是強制的。換言之,它被省略後句子依然合乎語法。不過,省略後句子意義會跟原來的稍有不同。我們的南寧粵語發音人表示:前置"得"有一個特別的功能,即"強調後頭緊接動詞所表述事件的真實性"。

    最後,南寧粵語的前置"得"還可以充當被動標記,後面緊接著主謂結構,構成[(NP$_1$—)ACQ$_{PASS}$—NP$_2$—VP]格式,其意義通常是受事者得到正面的影響,如例(10)和(11)所示:

(10)南寧粵語:佢得北大取錄晒

    kʰy^{4}tɐk^{7a}pɐk^{7a}tai^{6}tʃʰy^{3}luk^{6}ɬai^5

    "S/He was admitted by the Peking University."

(11)南寧粵語:佢得領導點名表揚

    kʰy^{4}tɐk^{7a}leŋ^{4}tu^{6}tim^{3}mɐŋ^{2}piu^{3}jœŋ^2

    "S/He was praised by the leader by calling off her/his name."

如果受事者是遭受一些負面的影響,南寧粵語的使用者傾向會用"捱"[ŋai^2](詞彙意義爲"遭受")作被動標記(林亦、覃鳳余 2008:349—351)。例如:

(12)南寧粵語：佢揸人打晒一餐

k^{h}y^4 ŋai^2 jɐn^2 ta^3 łai^5 jɐt^{7a} tʃ^{h}an^1

"S/He was suffered from beating by someone."

在廣州粵語中，被動句標記是"畀"[pei^3]（詞彙意義爲"給予"），而"揸"主要用作動詞，不像南寧粵語那樣可以接主謂結構。

　　"得"前置於動詞的用法可以上溯至古漢語，包括上古漢語、中古漢語和近代漢語（可參閱 Pulleyblank 1995：122；Sun 1996：§5；Peyraube 1999：35—36；劉利 2000：155—178；楊平 2001；杜軼 2007；李明 2017；巫雪如 2018 等）。① 然而，這些研究大都只提供針對不同時期的共時描述。至於前置"得"由古漢語至現代方言所經歷的發展，則仍未有充分的討論，②有待探索。

　　Peyraube(1999：35—36)指出，"得"本來具有完整的動詞意義——"獲得"。在公元前四至三世紀時，它語法化爲古漢語其中一個情態助動詞。我們可以在《論語》、《孟子》、《吕氏春秋》和《戰國策》等文獻中找到大量例子（參見杜軼 2007：2—10；李明 2017：27—31；巫雪如 2018：324—345）。以下的例子採自 Peyraube(1999：36)：

(13)上古漢語：夫子加齊之卿相，得行道焉。（《孟子•公孫丑上》）

---

① 上古漢語、中古漢語和近代漢語分別指爲公元前 771 年至公元 220 年、公元 220 年至公元 960 年、公元 960 年至公元 1900 年所使用的漢語。參閱孫朝奮(Sun 1996：15—19)的分期。

② 伍雲姬(Wu 2005：343—363)屬少數的例外。她處理了湘語[得－V]和[V－得]的共時地位，也討論了"得"的起源，以及其歷史發展。李明(2017)討論了"得"、"能"、"可"等一系列助動詞由上古到清代的歷時發展，但没談及現代漢語方言的情況。

（14）上古漢語：得見君子者，斯可矣。（《論語·述而》）

以上兩例中都有"道義"和"認識"（epistemic）兩種情態解讀。和指向事件仍未實現的道義情態不同，認識情態表達了説話者對命題中事實狀態的判斷（Palmer 2001：8）。Peyraube（1999：36）主張：在上古漢語中，前置"得"用來表示道義情態的比例比用來表示認識情態的比例高。一般認爲：非認識體系比認識體系更爲基本；而且從跨語言的角度看，認識體系證實起源於非認識體系（參見 Traugott 1989：36－37；Bybee et al. 1994：§6；Auwera ＆ Plungian 1998：111，fig. 14）。

　　由於［V－ACQ］結構（即後置"得"）在中古和近代漢語中有所發展，①因此前置"得"變得比上古時期更受到限制。它主要出現在否定式，表達道義情態。以下兩個例子，分別取自公元 10 世紀和 13 世紀的語録體文本《祖堂集》和《朱子語類》：

（15）中古／近代漢語：王不得變悔。（《祖堂集》）（見 Sun 1996：
　　　　　　　　148）

（16）中古／近代漢語：既曰："不得無語。"又曰："不得有語。"（《朱子語類》）（見 Sun 1996：148）

孫朝奮（Sun 1996：148）注意到［NEG－ACQ－V］（不－得－V）格式在 15 世紀前一直是道義否定句的主要形式。總的來説，在中古漢語和近代漢語裏，前置"得"和後置"得"的分工十分清晰：前

---

① 以下數字如實反映了［V－得］結構在中古和近代漢語中急劇增加的情況：在公元 10 世紀時，後置"得"只有 12％；在 13 世紀時顯著上升至 47％；到了 15 世紀更進一步上升至 63％（參見 Sun 1996：143）。

者和道義有關，後者則和能性相涉（認識或非認識）（Sun 1996：150）。①

　　早期粵語是指 19 世紀至 20 初在廣州、香港和澳門地區廣泛使用，具有代表性的粵語方言。本書第一章即指出，由於南寧粵語使用者的祖上主要來自 19 世紀的珠江三角洲，因此早期粵語和南寧粵語的祖語應該非常接近，甚至是同一種語言。全賴西方傳教士如馬禮遜和裨治文等編撰的教科書和字典，我們有機會窺探一百多、兩百年前粵語方言口語的梗概。在我們接觸到的文獻中，②"得"是一個非常活躍的語素，不過其功能通常是作爲主要動詞，或者出現在動詞後面。我們只能找到少量前置"得"的例子：③

(17) 早期粵語：人生得過，隨時過。

　　　"Man living can pass, according to the time pass."④（Morrison 1828：III/I）

(18) 早期粵語：毋得將租扣除。

　　　". . . shall not be allowed to make any deduction

---

①值得注意的是，現代漢語（1900 年至今）能表達道義意思的，只有[得－V]格式（而不是[不－得－V]）。前置"得"必須讀 *dei*，和後置"得"讀作 *de* 不同。孫朝奮（Sun 1996：150－152）認爲前者的語法化程度比後者低，以致保留了複合元音。有關現代漢語前置"得"的研究，請參閱趙元任（2010[1968]：328－329）。

②早期粵語的資料來自香港中文大學張洪年教授建立的語料庫。參閱本書第一章的介紹。

③早期粵語前置"得"的其他例子，見余靄芹（Yue 2001：250－251）和楊敬宇（2006：56－57）。

④早期粵語材料中所用的漢字及英文翻譯均出自原書。

(of the rent)."(Bridgman 1841:194)

(19)早期粵語:落神字唔得圓句説話。

　　　　"If *shun* is written,the language will not be com-

　　　　plete."(Bonney 1854:32)

馬禮遜把例(17)中的"得"簡單地翻譯成"can"。這個例子的
[ACQ－V]結構,表達了 Palmer(2001:8)所謂"説話者對命題真
值或真實程度的看法",與施事者的能力無關,暗示它屬於認識情
態。至於例(18),和"容許"有關,表達了道義情態。例(19)的
"得"可視爲"先事結果"的標記。正如本節前半部分所説,詮釋爲
"先事結果"是南寧粵語中前置"得"最普遍的功能。

　　早期粵語前置的"得",在現代廣州粵語大多要轉換爲"可以"
[hɔ³ji⁴],尤其在肯定句形式中。例如:

(20a)廣州粵語:你可以返屋企喇。

　　　　　"You are allowed to get back home."

(20b)廣州粵語:*你得返屋企喇。

　　　　　預期的意思:"You are allowed to get back home."

如果用"得"替代情態助動詞"可以",如例(20b)那樣,那就不合語
法了。在這個情況下,有些學者聲稱粵語的"得"沒有前置用法
(Enfield 2003:307)。① 儘管廣州粵語前置"得"已經不再活躍和
能産,不過仍可以在一些業已凝固的説法中找到蹤影:

(21)廣州粵語:喺圖書館唔得咁大聲講嘢㗎。

---

①Sybesma(2008:234)也有類似的陳述,但他補充:"當我們往深一層掘下去
　時,會看到廣州粵語有兩個跟老撾語和壯語共享的前置成分,即情態和
　'先事結果'標記。"

"It is not allowed to talk so loudly inside the library. "

(22)廣州粵語:我有得去倫敦。

"I get to go to London. "

(23)廣州粵語:個個學生都想得老師讚。

"Every student wants to be praised by the teacher. "

在例(21)中,道義情態否定式以[NEG－ACQ－VP](唔－得－VP)的格式表達。值得留意的是,這類結構只容許複雜的VP,不接受光桿動詞。例(22)的[有－得－VP]格式,Matthews & Yip(1994:245－246)、陸鏡光(1999:219)和 Sybesma(2008:235)均有論述。其中 Sybesma 指出:説它是"動詞前置"是因爲它在主要動詞之前;但也可以説它是"動詞後置",因爲它在"有"或"無"的後頭。他認爲這個用法的"得"是"先事結果"標記。例(23)是表被動的用法,以前沒有深入討論過。這個用法現在已經不再活躍,只出現在一些慣用語中,顯示出古舊的色彩。儘管我們未能在語料庫中找到相關記錄,但可以假設這個用法曾經在早期粵語中存在過。至於説現代廣州粵語的人,多數用"畀"作爲被動句標記,不用"得"(Matthews & Yip 1994:149－151)。

前置"得"的多功能性是南寧粵語其中一個最顯赫的語法特徵。既然早期粵語和現代廣州粵語的前置"得"相對不能産,這就引發了幾個問題:(一)南寧粵語前置"得"的多功能性究竟是從何而來?這個用法似乎不是直接從早期粵語繼承過來的。因此,内部因素並不足以解釋南寧粵語前置"得"的各種特殊語法功能,我們要從其他方面(如語言接觸等外部因素)尋求答案;(二)前置

"得"的"新"功能如何出現在南寧粵語中？（三）中古漢語的前置
"得"和早期粵語的前置"得"的關係是甚麼？下一節會嘗試作出
回答。

3. 南寧粵語多功能前置"得"的壯語來源

　　壯語是廣西壯族自治區內最普遍的非漢語語言。它是台語
支的其中一員（Strecker 1990：21），使用人數可能高達 2000 萬。
壯語有一個多功能成分，它在句法和語義上都相當於本章所討論
的"得"。以下爲這個成分在不同壯語方言中的語音形式（參見張
均如等 1999）：

來賓 dai³　　邕寧南 nai⁵

宜山 dai³　　龍州　　dai³

武鳴 dai³　　靖西　　nai³

該詞的原始形式可構擬爲 *ʔdai。從歷史角度看，這個形式和漢語
的"得"之間沒有明確的關係（Enfield 2001：279－280）。① 除了作
爲主要動詞"獲得"之外，*ʔdai 還可以前置或後置，表達不同的情
態。這些表情態的成分毫無疑問是由"獲得"義動詞經語法化而
來的（韋景雲等 2011：145－151）。關於壯語前置{ACQ}的用法，

_____

①儘管南寧粵語和壯語都有多功能{ACQ}語素，但兩種語言的{ACQ}既不
　是同源詞，也不是借詞。Enfield（2003：320－321）曾指出：東南亞大陸語
　言的{ACQ}語素有十多種語源。和{ACQ}相關的多功能性可以在不同語
　言中反複出現，即使形式不一定對應。

Sybesma(2008)已經作了記録和描述。① 他所根據的是壯語河池方言。Sybesma(2008:233)認爲這個前置成分主要有表道義情態和"先事結果"兩種功能,並指出前者不能用於肯定句中。② 我們的研究則建基於一部壯語綜合論著(張均如等 1999)。結果發現:Sybesma(2008)的分類並不能完全涵蓋所有壯語例子。例如在武鳴和龍州等壯語方言裏,前置{ACQ}表道義情態時能出現在肯定句中。因此,Sybesma 的方案需要作出修改。

　　壯語前置{ACQ}的功能可以歸納爲三類:(一)表道義情態;(二)表"先事結果"(這兩類已經由 Sybesma 2008 提出);(三)寬鬆的"過去時"。③ 下面列出五個壯語方言的例子來説明這三個功能。

(24)武鳴壯語:ki³　ɣam⁴ taːŋ¹ te¹　　buɯ³ dai³　poːk⁷ʔoːk⁹　ɣoːk⁸　pai¹

　　　　　　　CLF 水　湯　那　NEGACQ 倒　　　外面　去

　　　　　　　"The hot water is not allowed to pour outside. "

　　　　　　　(張均如等 1999:865)

(25)龍州壯語:ŋaːm⁵　　dai³ hit⁷pak⁷tɕa² ɕau⁵　　pat⁷ti⁶

　　　　　　　剛剛　　ACQ 做 煮 茶 CONJ 掃 地

　　　　　　　"(The Master)just allowed(him)to cook the tea

_____

①Sybesma(2008)雖然把焦點放在壯語和廣州粵語後置{ACQ}的功能之上,可是他也討論過前置{ACQ}的特性。又,Enfield(2003:327－328)提供了壯語和侗語一些相關的例子,認爲可以和老撾語的例子比較。本節後半部分將討論他對老撾語前置{ACQ}的看法。

②韋景雲等(2011:146)也留意到壯語前置{ACQ}能表達"因果關係"。他們所謂的"因果關係"相當於"先事結果"。

③李方桂(2005b[1956]:223)早已指出壯語前置{ACQ}有"過去時"的解讀。

and to sweep the floor. "（張均如等 1999:901）

(26)來賓壯語：γam³　ʔma³　ko¹ fai⁴ne³,tu² kuk⁷　nei⁴tsou⁶

斫　　枝　　CLF樹1　CLF老虎　這　就

dai³ γoŋ²　tau³leːu³

ACQ 來　下　PFV

"（He）cut the branches of the tree off,and this tiger got the chance to come down. "（張均如等 1999:843）

(27)武鳴壯語：ʔan¹taŋ¹te¹bɯ³ mat⁷nai⁶,

CLF 燈　那 NEG 滅　PRT

kwaːn¹ pa²　çau⁶dai³ θuəŋ¹　çiən²

夫妻　　　就 ACQ 雙　全

"If the lamp does not extinguish,the couple can live safely. "（張均如等 1999:878）

(28)來賓壯語：kou¹ ji⁶　di¹　tsak⁸　tu⁶　wun²,

1SG 也　　NEG 偷　　PRT 人

ka¹ toŋ²　kou¹　dai³ ma¹haŋ³kou¹

朋友　　1SG　ACQ 來 給 1SG

"I didn't steal（it）from other people. It was my friend who came and gave this to me. "（張均如等 1999:844）

這些例子都採自民間故事。由於語境清晰,所以很容易便能區分出（一）、（二）兩類。例（24）和（25）涉及容許義,屬於第（一）類;例（26）和（27）與先前事件有關,因此應該歸入第（二）類;最後一例則表達了"過去時",屬於第（三）類。有趣的是,在台語支的其他成員中,這個前置{ACQ}的同源詞表現出高度平行的多功能性。
以下三個例子,摘錄自屬於西南支的標準老撾語。它們分別表達
了道義情態、先事結果和寬鬆的"過去時":

(29)標準老撾:kuu^3　daj^0　$ñaaj^4$　$hùan^2$

　　　　　　1SG　　ACQ　　move　　house

　　　　　　"I got/get to move house."或

　　　　　　"I had/have to move house."（Enfield 2003：

　　　　　　142）①

(30)標準老撾:caw^4　$bò^0$　$puuk^5$　　$phak^2$

　　　　　　2SG　　NEG　to. plant　vegetables

　　　　　　caw^4　ka^0　　$bò^0$　daj^0kin^3 $phak^2$

　　　　　　2SG　FOC. PRT NEG ACQ　eat　vegetables

　　　　　　"(If) you didn't plant vegetables, you wouldn't

　　　　　　get to eat vegetables."(Enfield 2003:145)

(31)標準老撾:$ñang^2$　$bò^0$　daj^0　kap^2

　　　　　　still　　NEG　ACQ　　return

　　　　　　"I still haven't been back(there)."(Enfield 2003：

　　　　　　150)②

需要補充的是,Enfield(2003)還提到老撾語前置{ACQ}的其他功
能,如表達"禮貌"和"正式"的效果。不過它們超出了本章的研究

──────────

①Enfield(2003)在説明情態時,很少使用"道義"、"認識"這些傳統術語。但
　根據他的描述,例(29)表達了很强的容許義(P. 143)。因此,我們可以認
　爲這個例子有道義情態的詮釋。
②這種寬鬆"過去時"的解讀通常出現在否定式中,但成因未明(Enfield
　2003:150)。

範圍,暫時不作討論。

　　我們可以觀察到壯語和南寧粵語前置{ACQ}語素存在高度的平行性,而這平行性不應該簡單地視爲巧合。本書第二章第3節已經指出兩種語言具有相似結構背後的幾個可能:(一)共同存古;(二)純粹巧合;(三)平行發展;(四)語言接觸。壯語和南寧粵語前置{ACQ}之間的相似性幾乎肯定屬於第(四)類。首先,早期粵語前置{ACQ}的功能比較貧乏,且不能産。鑑於南寧粵語的直系祖語應該是和早期粵語非常接近,甚或是同一種的語言,可以推斷:南寧粵語前置{ACQ}的大部分功能不可能源於其直系祖語。另一方面,壯語經常使用前置{ACQ},它的功能對應於南寧粵語的前置"得"。不單壯語如此,其他台語支語言(如標準老撾語)也都用前置的多功能{ACQ}。在第二章第3節裏,我們引用過Heine & Kuteva(2005:33)那套辨認"接觸引發的演變"的方法。就本個案而言,"property x"就是前置{ACQ};"language M"是壯語;"language R"就是南寧粵語。南寧粵語前置{ACQ}的多功能性,極可能是由從壯語遷移過來的。接下來筆者會從語言接觸的角度重構南寧粵語前置"得"的歷時發展。

4. 重構發展南寧粵語前置"得"的發展

　　本書第一章已經指出:當壯語人和粵語人在廣西地區發生接觸時,不少壯人轉用南寧粵語作爲他們的第一語言。最大的誘因,是説南寧粵語的人往往有較高的社會經濟地位。可是,一如意料地,一些語言轉用者不完善地習得目標語(即南寧粵語)。在這樣的情況下,"不完善學習"(參閱Thomason 2001)便成爲語言分化的關鍵——一個方言承繼原來的系統,另一個方言則帶有轉用者以前那種語言痕跡的"不完善"成分。① "不完善學習"並不意味著轉用者無法學習或没有途徑學習目標語,而是他們選擇保留一些自己母語的特質。

　　壯語和南寧粵語在音系和句法方面有不少相似的地方,同時共享數量不多的詞彙。這個情況基本符合由 Thomason(2001: 75)提出的預測。她認爲轉用引發的干擾是從音系和句法上開始的,詞彙相對滯後。南寧粵語中前置"得"的發展可以視爲轉用引發干擾的例證。

　　南寧粵語來源於早期珠江三角洲的粵語。當時珠三角的粵語估計也用前置"得",但在早期口語文獻裏並不活躍。當南寧粵語和壯語發生接觸後,這個成分到底是怎麽樣"激活"起來的呢? 不少學者都提出過語言特徵"復元"(revival)的機制,包括:"類別擴展"(category extension)(Heine & Kuteva 2005:138 — 141)、"已有特徵的強化"(Aikhenvald 2006:22)或"保留特徵"(吴福祥 2007:5)等。Heine & Kuteva(2005)所提出的"類別擴展"和本個案最爲相關。根據他們的想法,我們可以構擬出南寧粵語前置"得"的發展:

　　當説早期粵語的人和説壯語的人在南寧地區發生接觸時,壯族轉用者(即轉用粵語的壯族人)發現粵語裏有一個前置成分[tɐk⁷ᵃ],大致相當於壯語的前置成分[dai³],於是他們把這兩個成分等同起來。隨著轉用南寧粵語的壯族人不斷增加,南寧粵語前置"得"的使用頻率也不斷提高,並且可以出現在跟壯語前置[dai³]位置相同的句法槽内。最後,"得"吸納了壯語前置[dai³]的

---

① 陳保亞(2005)通過雲南的傣族漢語的例子來説明,"轉用引發的干擾"(他在文中稱之爲"母語干擾")是方言形成的主要因素之一。

所有功能,包括表示道義情態、先事結果和寬鬆"過去時"。南寧粵語這種"新方言"逐漸在南寧地區取得地位後,前置"得"的多功能性也進一步鞏固起來。這種新方言對原來那批來自珠三角地區的粵語使用者產生了很大的影響。因爲他們人數遠比壯族轉用者少,只能跟隨著轉用者使用前置"得"。

我們需要強調,這種"類別擴展"對情態範疇整體而言没有產生影響,只是引起了這個範疇的内在結構調整。"得"的發展也没有涉及語法化,因爲早在南寧粵語的前身和壯語發生接觸前,它已經是一個成熟的情態助動詞(儘管不能產)。還有一個問題:既然壯語前置{ACQ}不作被動標記,那麼南寧粵語前置"得"的被動標記用法究竟是怎樣產生的?① 這個用法應該直接繼承自早期粵語(參例 23),而它之所以能保留下來,很大程度受惠於南寧粵語前置"得"的高度普及。相對而言,這個用法在現代廣州粵語已經式微。

就前置"得"而言,中古漢語/近代漢語和早期粵語之間的連繫並不明確。儘管中古漢語/近代漢語前置"得"的用法已經顯著下降,限制也多,但該成分仍存活在早期粵語裏,没有完全消失。另一方面,早期粵語和中古漢語/近代漢語前置"得"的功能有很大的差異。我們知道,壯侗語和粵語有悠久的接觸史。粵語裏有一個十分明顯的壯侗語底層,這表明當漢人從中國北方遷移到南方時,大量原來説壯侗語的人放棄自己的母語,轉用粵語(Yue-

---

① 越南語動詞前置的 *"duoc"*(={ACQ})可以做被動標記。Sybesma(2008:232)羅列了相關的例子,並作出説明。儘管地理位置接近,南寧粵語和越南語之間的接觸並不明顯,也没受到太大關注。南寧粵語和越南語前置{ACQ}的被動標記用法似乎有不同的來源。

Hashimoto 1991：296；Bauer 1996；LaPolla 2001：232－233 等），時間大概是在晚唐（618－907）或宋初（960－1279）。這種干擾（姑稱之爲“第一次干擾”）可能有助於加強原始粵語中“得”的用法，也使原始粵語從壯侗語裏獲得｛ACQ｝的各種新功能，兩種語言在當時可能共享相同（或者非常相似）的｛ACQ｝多功能模式。以上壯侗語對原始粵語干擾造成的結果一直保留到早期粵語。不過，粵語作爲一種漢語方言，自形成以來，也受到權威方言的影響。廣州粵語情態助動詞“得”被現代標準漢語的“可以”取代就是一個好例子。① Matthews（2006：226）的觀察某程度上和我們的觀點相同，但他更重視｛ACQ｝的地理分佈：就｛ACQ｝的語法化個案來說，老撾語和壯語是“蔓延”（epidemic）的中心，官話方言在外圍，至於廣州粵語的位置則介乎兩者之間。如果他能考慮到南寧粵語在百多年前再次受到壯語影響（“第二次干擾”）而形成的表現，那麼他的説法將可進一步加強。南寧粵語“得”的功能之所以比其他粵語方言多，是因爲南寧粵語在它形成過程中，最少經歷了兩次不同時期來自壯語（“蔓延”的中心）的干擾，而其他粵語方言只經歷過一千多年前的“第一次干擾”。

　　Enfield（2003：367－368）在其專書的結論中給出了“像｛ACQ｝般複雜的多功能模式在相毗鄰的語言中出現”的五個可能。在各種可能之中，“模式仿製”（pattern copying）似乎跟這個個案最有關係，因爲本個案明顯牽涉到區域擴散。但“仿製”是如何運作的呢？本研究提醒我們，除了衆所周知的借詞外，語言接觸還可以把多功能複雜模式從一種語言遷移到另一種語言去。先前已經説明過，語言轉用者可以輕易地透過干擾，把他們原來那種語言

————————

① 關於現代漢語“可以”的歷史，參閱太田辰夫（2003［1958］）：185－186）。

某些特定成分的多功能性轉到目標語的相應成分之中（通常這兩個成分同義）。我們認爲，轉用引發的干擾在東南亞語言中經常發生。① 如果把轉用引發的干擾視爲方言/語言形成的主要因素，將可以增加我們對"仿製"運作的理解。

　　Enfield（2003）把現代標準漢語、西南官話、廣州粵語、信宜粵語和台灣閩南語等漢語方言納入他的"語言蔓延學"（linguistic epidemiology）研究中。雖然{ACQ}語素（主要爲"得"，偶爾也用其他語素）在這些方言中表現出很多功能，但主要是後置的，前置的用法相當有限。相反，Enfield（2003）没注意到的南寧粵語，其前置"得"的多功能性卻可以和壯語以及其他東南亞語言的相應成分相比。從較爲宏觀的角度來看，南寧粵語不單爲漢語方言提供了一個"得"前置用法的獨特例子，也説明了語素的多功能性由一種語言遷移到另一種語言的的機制。

5. 小結

　　在本章中，我們以第一手田野調查資料爲基礎討論了南寧粵語前置"得"的用法。在過去一個多世紀，南寧粵語不斷和鄰近的壯語發生緊密的接觸，因此發展出前置"得"一些在廣州粵語（或其他粵語方言）没有的功能。本章解釋了南寧粵語前置"得"的新功能是如何通過語言接觸，從壯語裏遷移過來。我們指出了轉用

---

① 一個相當有名的例子是，在泰語中有一個源自孟高棉語（Mon-Khmer）的底層，表明古時曾經有大量説孟高棉語的人轉用泰語（Enfield 2003：365－366）。把轉用引發的干擾這概念套入泰語形成的個案中，是相當吸引的做法。

南寧粵語的壯族人在塑造南寧粵語語法方面扮演了重要的角色。

南寧粵語在過去二三十年間已經大幅度地被廣州粵語所同化（林亦、覃鳳余 2008：6），並可能在未來幾個世代内消失。因此，現在最重要的工作，是對這個瀕危方言及其相關變體作深入的研究，並在它們消失之前，做詳細的記録。

第六章　南寧地區語言"去"義語素的語法化與接觸引發的"複製"

1. 背景

衆所周知,"去"(GO)這類表達空間位移的動詞特別容易衍生出抽象的語法概念或演變爲語法標記(參看吳福祥 2010:97 所引文獻)。Heine & Kuteva(2002:155－160)在他們的語法化詞庫中就列出了"去"七條常見的語法化路徑:

（一）GO＞Andative(遠離指示中心的運動)

（二）GO＞Change-of-state(狀態轉變)

（三）GO＞Consecutive(連續)

（四）GO＞Continuous(持續體/時)

（五）GO＞Distal demonstrative(遠指代詞)

（六）GO＞Habitual(慣常體)

（七）GO＞Hortative(勸告情態)

這七條路徑分布在世界各地不同的語言中,例如英語的 go 既可以標誌"狀態轉變"(如 "He went mad.""他變瘋了。"),也可表"勸告情態"(如 "Go and finish your essay.""快把你的文章寫完!")。至於漢語"去"的歷時演變,學者比較關注的課題主要集中在三方面：（一）詞義演變——探討"去"如何由上古的"離開"義發展出後來的"前往"義（如孫占林 1991；張敏 1998；王國栓 2003；王錦慧 2004；徐丹 2005；Xu 2006；胡敕瑞 2006 等）；（二）趨向補語的形成——考察"去"怎麼樣/什麼時候由趨向動詞演變爲趨向補語或者是趨向補語的一部分（複合趨向詞的後一成分）（如尹玉 1957；潘允中 1980；王錦慧 2004；徐丹 2005；Peyraube 2006；梁銀峰 2007；梁銀峰等 2008 等）；（三）語法標記的形成——研究"去"演變爲補語標記、比較標記、體標記、話題標記等語法標記的過程（如陳澤平 1992；曹廣順 1995；劉丹青 1996；吳福祥 2001，2002，2010；馮力 2003；李明 2004；徐丹 2005；梁銀峰等 2008；邢向東 2011 等）。吳福祥（2010）認爲以"去"充當補語標記和比較標記，其實是趨向補語進一步語法化的結果。

　　這一章的研究對象是廣西南寧地區三種語言（含漢語方言）的"去"義語素。① "去"義語素在那些語言中是一個多功能語素，其中一些功能更罕見於區域以外的其他語言。筆者一方面會重構它的語法化路徑，並説明産生語法化的環境；另一方面會證明三種語言"去"義語素的語法化路徑之所以高度平行，是語言接觸所導致的。在此討論的三種語言，分別是南寧粵語、賓陽平話和武鳴壯語。以下是語料的出處：

　　（一）南寧粵語：主要根據本人的田野記録（2012 年 4 月）和林亦、覃鳳余（2008），隨文註明出處。録自田野調查的例句會注上國際音標。② 本人由 2007 年起曾多次調查南寧粵語。在進行這次主題式調查以前，已記録了三百多個例句，包括各種主要的語

---

① 這裏所説的"南寧地區"，包括南寧市及其所轄的六縣。
② 林亦、覃鳳余（2008）沒有爲書中的例句注音。

法結構。在初步掌握了"去"義語素的多功能性以後,本人又編製了一份有針對性的例句表,大約 50 個例子。調查期間,我也特別關注"去"義語素在發音人日常會話中的用法。

(二)賓陽平話:主要根據覃東生(2007,2012)。例句在一般情況下只標漢字。賓陽平話是作者的母語。文中所舉的例句大部分取自日常生活或由作者自擬。

(三)武鳴壯語:武鳴壯語屬壯語北部方言,被視爲壯語的標準點,而且是壯文的基礎方言,語料十分豐富。由於地緣的關係,它和周邊漢語方言的互動十分頻繁。本章主要引用韋景雲等(2011)的武鳴(燕齊)壯語語料。該書有一節專門討論"去"義語素的多功能性,有十幾個例子。此外,我們也參考了李方桂(2005b[1956])、梁敢(2010)和由中央民族大學李錦芳教授提供的資料。上述四家所據的方言讀音有小異,①標音亦不全同。引例時會依照他們原來的寫法。這些都不會影響本章的論述。

謝建猷(1994)和歐陽覺亞(1995)早已注意到南寧地區粵語和壯語動詞後的"去"義語素有平行的用法,指出它們都表示"動作的結果和趨向"(歐陽覺亞 1995:51),並認爲是語言接觸的結果。可是文中沒有提及"去"義語素的其他語法功能,沒有說明它的語法化路徑,也沒有爲語言接觸的過程作出詳細的論證。在草擬本章初稿期間,筆者有幸得到覃東生先生惠賜其博士論文(覃

---

① 韋景雲等(2011)所記的是武鳴陸斡鎮燕齊村的壯語,李方桂(2005b[1956])記的是武鳴馬頭村(今馬頭鎮)的壯語,梁敢(2010)記的是武鳴羅波鎮梁彭村的壯語,而李錦芳教授提供的則是武鳴雙橋鎮的壯語(即"標準壯語"之所本)。它們都屬於廣義的武鳴壯語,引用例句時不作細分。燕齊、馬頭和梁彭都在武鳴東部,彼此不過十數公里,讀音比較接近。

東生 2012)。論文的其中一章專門討論"去"義語素的多功能性在廣西不同語言中的擴散。他把"去"義語素的功能分爲"'到往'義動詞"、"趨向補語"、"事態發展助詞"、"程度感嘆助詞"等七種,並舉了大量一手例子。經過分析,作者(覃東生 2012:160)認爲:"廣西漢語方言中'去'的多功能平行現象是語言接觸導致的結構擴散的結果,這是一種典型的語言區域特徵。在這個擴散過程中壯語是模式語,漢語方言是複製語。"乍看起來,本章和覃文的論述非常相似,但其實無論在"去"義語素的功能分類、命名、語法化路徑的描述,抑或是論證語言接觸的具體方法,本章跟覃先生的都不太一樣。從大方向來說,我們不會把"去"只當作一個單純的趨向詞處理。本章的第 2 節會指出:南寧地區語言的"去"義語素除了表"前往"外,還可以作"花費"義動詞。"去"的許多語法功能,相信來源於"花費"義,和"前往"義不見得有太大的關係。"花費"義的來源本身也需要認真探究。此外,我們也特別強調語法演變的内部機制和外部機制之間的互動。語法演變的機制可以概括爲以下三個:擴展、重新分析和外借(cf. Harris & Campbell 1995)。前兩種是内部機制,後一種則屬外部機制。本個案清楚顯示了兩者互相作用,環環相扣,既有重新分析(如"程度事態助詞"的形成,第 3.3節),也有外借(如南寧粵語和賓陽平話從壯語遷移了"去"作爲"使令事態助詞"的功能,第 4 節),三種語言的"去"義語素因而産生了一些罕見的演變模式,其過程非常複雜,並非一條簡單的語法化路徑就能解釋清楚。本章的發現,不單可以加強我們對漢語語法史的認識,甚至可以反饋語法化理論和語言接觸理論。當然,覃先生的研究還是給予筆者極大的啟發。至於本章和覃文在其他細節上的不同,我們會在稍後的章節再作交代。

　　本章各節安排如下:第 2 節主要描寫和比較"去"義語素在粵

語、平話和壯語中的多功能性,舉出大量例子;第 3 節會追溯這個
現象的源頭,並描述語義演變和語法化路徑;第 4 節則從接觸語
言學的角度出發,思考"去"義語素的不同語法功能怎麼樣在語言
之間進行遷移,也會論證遷移的方向和時間深度;第 5 節是結論,
指出本研究的貢獻所在。

2. "去"義語素的功能:描述和比較

先列出"去"義語素在南寧地區三種語言中的形式:

(一)南寧粵語:"去"[hy⁵]

(二)賓陽平話:"去"[hu⁵]

(三)武鳴壯語:[poːi¹]～[pi⁶]/[pi³](壯文 *bae*)

南寧粵語的[hy⁵]和賓陽平話的[hu⁵]毫無疑問同源。武鳴壯語的
[poːi¹]來源於原始壯侗語 *pəi "go"(Li 1977a:61,285),跟漢語完
全無關。[poːi¹]有兩個變體:[pi⁶]是自由變體,[pi³]則是充當助
詞時的變體。爲了方便討論,下文會用〈GO〉代表"去"義語素。
也就是説,這〈GO〉不單指南寧粵語和賓陽平話的"去",也包括了
武鳴壯語的[poːi¹]、[pi⁶]和[pi³]。

據筆者的觀察,〈GO〉有七種功能可以同時在粵語、平話和壯
語中找到,但具體的出現環境並不完全一樣。那些功能,頗有一
部分屬於語法化路徑上的不同階段。以下逐一介紹。

2.1　趨向動詞

在粵語、平話和壯語中,〈GO〉最基本的功能是作趨向動詞
用,表"前往"義,後頭可接處所名詞賓語,表示位移的目的地(例

2、4、6）：

（1）南寧粵語：你去，我又去。（你去，我也去。）

　　　　　　　ni⁴hy⁵ŋɔ⁴jɐu⁶hy⁵

（2）南寧粵語：你敢獨一個人去北京？（你敢一個人去北京？）

　　　　　　　ni⁴kɐm³tuk⁸jɐt⁷ᵃkɔ⁵jɐn²hy⁵pɐk⁷ᵃkeŋ¹

（3）賓陽平話：你去，我□[ji⁶]去。（你去，我也去。）（覃東生 2007：
　　　　　　　49）

（4）賓陽平話：我去南寧過，□[maŋ²]去北京過。（我去過南寧，没
　　　　　　　去過北京。）（覃東生 2012：131）

（5）武鳴壯語：ʔbou³　te¹　　po:i¹，　ha:u⁵　mɯŋ²　po:i¹

　　　　　　　NEG　　3SG　GO　　就　　2SG　　GO

　　　　　　　"不是他去，就是你去。"（韋景雲等 2011：307）

（6）武鳴壯語：kou¹　po:i¹　laŋ¹　he³　ʔba:t⁷ᴸ　hu³　kwa⁵

　　　　　　　1SG　　GO　　地方　3SG　CLF　　1　　EXP

　　　　　　　"我去過他家一次。"（韋景雲等 2011：157）①

2.2 "花費"義動詞

　　{GO}在三種語言中均可作"花費"義動詞用，相當於普通話的"花"或"用"。李方桂（2005b[1956]：269）首先在武鳴壯語中發現這個用法。② 至於南寧粵語和賓陽平話的情況，則由覃東生

① 武鳴壯語兩個入聲各分長短（見韋景雲等 2011：24—25），這裏以"L"（長）和"S"（短）表之，如[tok⁷ˢ]"落"。

② 查李方桂（2005b[1956]：269）的武鳴壯語詞彙，{GO}作動詞用時有三個意思："去"、"費去"和"失去"。"費去"和"失去"有明顯的語義聯繫，而"費去"相當於本章的"花費"。

（2012）明文揭櫫。① 下面是幾個例子：

（7）南寧粵語：熬一斤酒著去幾多米？（熬一斤酒要用多少米？）

　　　　　　ŋau²a¹kɐn¹tʃɐu³tʃœk⁸hy⁵ki³tɔ¹mɐi⁴

（8）賓陽平話：買件衫去一百文銀。（買這件衣服花了一百塊錢。）

　　　　　　（覃東生 2012：132）

（9）武鳴壯語：xun²　poi¹　ŋan²　fu²　θø⁵

　　　　　　人家　GO　錢　無數

　　　　　　"人家花錢無數。"（李方桂 2005b［1956］：269）

（10）武鳴壯語：kau¹　poi¹　hau³　lai¹　ŋan²　lo¹

　　　　　　1SG　GO　很　多　錢　PRT

　　　　　　"我失了或輸了許多錢。"（李方桂 2005b［1956］：269）

覃東生（2012：146）指出："'去'做'花費'義動詞時，它的賓語一般都是可以作爲某種客體被花費或消耗掉的事物名詞。"我們進一步發現：花費義動詞｛GO｝許多時候只接受帶數量的名詞充當受事賓語，不太接受光桿名詞，例如南寧粵語：*"去米"是不合語法的。換言之，花費義動詞｛GO｝常出現在［GO$_{SPEND}$－NP$_{NUM}$］這樣的語法格式中。

2.3　趨向補語

　　｛GO｝做趨向補語，有兩種情況：其一是單獨充當，構成［V－GO］格式（例 11、13）；其二是和"上"、"落（下）"、"過"等組合爲"上

———————

① 覃鳳余（2007：5）也提到廣西有些漢語方言的｛GO｝有"花費"義，但她沒有清楚説明到底是哪幾種方言。

GO"、"落 GO"、"過 GO"這種複合趨向詞,構成[V－上－GO]等
格式(例 12、14、15、16)。例子如下:

(11)南寧粵語:佢送兩瓶酒去。(他送去兩瓶酒。)(林亦、覃鳳余
　　　　　2008:285)

(12)南寧粵語:佢攦嚙石頭落屎坑去。(他把石頭推進糞坑裏
　　　　　了。)(林亦、覃鳳余 2008:343)

(13)賓陽平話:□[na⁶]送兩瓶酒去。(他送去兩瓶酒。)(覃東生
　　　　　2007:45)

(14)賓陽平話:□[na⁶]爬上木根去。(他爬上樹去。)(覃東生
　　　　　2007:46)

(15)武鳴壯語:juɯːŋ⁶ŋ²　muɯŋ²　ɕam⁶　hou³　ɕaːŋ¹　jaːu¹
　　　　　那麼　　2SG　也　進　壯　學校
　　　　　poːi¹　la³
　　　　　GO　PRT
　　　　　"那你也進壯校去了?"(韋景雲等 2011:400)

(16)武鳴壯語:kjaːŋ¹ŋon²　ɕuk⁸ˢɕiːm⁶　tok⁷ˢ　ɣoŋ²　pla¹　poːi¹
　　　　　太陽　　逐漸　落　下　山　GO
　　　　　"太陽漸漸下山了。"(韋景雲等 2011:205)

柯理思(2002,2003)在 Talmy(2000)對位移事件分析的基礎上,
探討了漢語述趨式("動詞＋趨向成份")的性質。簡單來說,漢語
複合趨向詞的基本格式是[V－Dₚ－D_d](D＝方向"Directional";
p＝路徑"path";d＝指示"deictic")。"Dₚ"表示客觀位移的路徑
趨向詞,"D_d"則代表主觀參照的指示趨向詞。在柯理思的框架
中,{GO}是個遠指的指示趨向詞,它的作用是表示以説話者爲參
照點的位移。南寧粵語、賓陽平話和武鳴壯語的述趨式都可同時

帶受事賓語（表示位移的客體[theme]）和處所賓語（代表位移的起始點或終結點），它們採用的格式都是[V－NP₁－Dₚ－NP₂－GO_Dd]（參看例 12）。這裏的"NP₁"和"NP₂"分別代表受事賓語和處所賓語。

2.4 動相補語

動相補語的功能，"是給所表述的事件增加一種終結（telic）的意義，跟表示完成或實現的體標記相比，它們其實是'準體標記'（quasi-aspectual marker）"（梁銀峰 2007：152）。它經常出現在[V－GO_PC－（NP_NUM-PATIENT）]這種格式中。下面有六個例子：

(17)南寧粵語：屋揩火燒去晒哦。（房子被火燒掉了。）

uk⁷ᵃŋai²fɔ³ʃiu¹hy⁵ɬai⁵ɔ⁵

(18)南寧粵語：佢一口氣食去廿幾隻餃子。（他一口氣吃掉二十幾隻餃子。）（林亦、覃鳳余 2008：329）

(19)賓陽平話：舉次去桂林遊使去兩千文銀。（這次去桂林玩花掉兩千塊錢。）（覃東生 2012：132）

(20)賓陽平話：電腦死機了，先關去。（電腦死機了，先關掉。）（覃東生 2012：132）

(21)武鳴壯語：hat⁷ˢ n¹ tak⁸ˢnuːŋ⁴ kuɯ¹poːi¹ søːŋ¹ ʔan¹
早上 這 弟弟 吃 GO 2 CLF
kjoːi³
香蕉
"今天早上弟弟吃掉了兩隻香蕉。"（韋景雲等 2011：159）

(22)武鳴壯語：ti:u^2 fai^4n^2 tat^{7S} po:i^1 sø:ŋ^1 çø:n^1 çi^3

            CLF   樹 這 削   GO   2   寸   才

            pan^3 tɯŋ^4

            變成   枴杖

            "這根木棍削掉兩寸才能當枴杖。"（韋景雲等 2011：159）

{GO}作爲動相補語，有五點需要特別說明：

（一）動相補語和結果補語之間有時候没有一道清晰的界綫（覃東生 2012：122），所以這裏不刻意爲它們作區分。不過，含結果補語的 VP（[V－R－NP]，如"吹倒了房子"）一般都可以變換爲[NP－R]（如"房子倒了"），但含動相補語的 VP 卻不可以。我們的例子基本上都不能變換，如(18)"食去廿幾隻餃子"就不能變換爲 *"廿幾隻餃子去"。

（二）在(17)中"去"和完整體標記"晒"共現，證明了它還没發展爲高度語法化的體標記。

（三）{GO}只能跟具[＋減少]、[＋分解]或[＋閉合]語義特徵的動詞結合。(17)的"燒"、(20)的"關"、(22)的[tat^{7S}]"削"，莫不如此。動詞假如没有這些語義特徵，{GO}便不能在它的後頭充當動相補語，例如南寧粵語不能説 *"賺去幾百文晒"（賺了幾百塊錢），賓陽平話則不能説 *"電腦先開去"。

（四）有受事賓語的例子，賓語一定是帶數量的。(18)的賓語是"廿幾隻餃子"，(19)的賓語是"兩千文銀"，(21)的賓語是"$\text{sø:ŋ}^{1?}\text{an}^1\text{kjo:i}^3$"（兩隻香蕉）。若把數量短語刪去便不合語法。

（五）例子中的{GO}都是指向受事成份（賓語或主語），指動詞造成受事成份的減少、消失等結果（參考韋景雲等 2011：159 對壯語的説明)。

2.5　目標格介詞①

{GO}在南寧粵語、賓陽平話和武鳴壯語裏也可以充當介詞/前置詞(preposition),介引處所名詞,表示客體位移的方向或目標,具有目標格介詞的性質(參看吳福祥 2010:107):

(23)南寧粵語:佢邊時又趆去北京晒?(他什麼時候又跑到北京去了?)(林亦、覃鳳余 2008:313)

(24)南寧粵語:我細妹嫁去廣東晒。(我妹妹嫁了到廣東去了。)(林亦、覃鳳余 2008:313)

(25)賓陽平話:舉把飛機飛去北京。(這架飛機飛往北京。)(覃東生 2012:132)

(26)賓陽平話:村内哋哦後生哥统走去廣東打工啦。(村裏面的年輕人都跑到廣東去打工了。)(覃東生 2012:132)

(27)武鳴壯語:rou² ŋon² nai⁴ pla:i³ poi¹ xa:k^{8L}
　　　　　　1PL 天 這 走 GO 學校
　　　　　　"我們今天走路去學校。"(梁敢 2010:43)

{GO}作爲目標格介詞和趨向補語的最大不同之處在於它們的基本格式:前者是[V−GO$_{PREP}$−NP],其中 V 不是路徑趨向詞;後者是[V−NP−GO$_{Dd}$],其中 V 只能是路徑趨向詞。從這個角度看,兩種格式形成了互補分布。試比較南寧粵語"行去河邊"(走到河邊去)和"落河邊去"(下河邊去)。前一個例子的"去"是目標

---

①覃東生(2012)没有特別提到{GO}這個功能。他把平話相關的例(25)和(26)都歸入"趨向補語"一類之中。

格介詞，後一個例子的"去"是趨向補語。

2.6 程度事態助詞

　　{GO}義語素也可以置於句末，強調事件的結果或狀態達到極深或令人感到意料之外的程度，帶誇張的色彩。一般採用的格式是[VP－GO~PRT~]。覃東生（2012:124）把這一類{GO}稱爲"程度感嘆助詞"。但由於相關的例子不一定帶感嘆語氣，所以本章還是依照林亦、覃鳳余（2008:339），把它視爲事態助詞。爲了和另一類事態助詞（第2.7節）作區分，筆者把這一類{GO}稱爲"程度事態助詞"。例子有：

（28）南寧粵語：落雨落到心煩去。（下雨下得使人心煩。）

　　　　　　　　　lɔk⁸jy⁴lɔk⁸tu⁵ łɐm¹fan²hy⁵

（29）南寧粵語：佢捱狗咬成幾次去。（他被狗咬了幾次。）

　　　　　　　　　kʰy⁴ŋai²kɐu³ŋau⁴ʃeŋ²ki³tʃʰi⁵hy⁵

（30）南寧粵語：臭多，蒼蠅都飛來去。（太臭，蒼蠅都飛來了。）（林亦、覃鳳余 2008:339）

（31）賓陽平話：呢果子甜到膩去。（這些水果甜得發膩。）（覃東生 2012:133）

（32）賓陽平話：今日有哪門事咁快，吃酒去？（今天有什麼事情那麼高興，要吃酒？）（覃東生 2012:133）

（33）武鳴壯語：ti:u²　　ta⁶　　n²　　lak⁸ˢ　ka²　ɣa:i⁴　po:i¹

　　　　　　　　CLF　　河　　這　　深　　確實　　GO

　　　　　　　　"這條河深極了。"（韋景雲等 2011:161）

（34）武鳴壯語：ti:u²　ɣon¹　he³　kwa:ŋ⁵　jup⁷ˢ jup⁷ˢ　po:i¹

　　　　　　　　CLF　路　　那　　寬　　　IDEO　　GO

"那條路寬寬的。"(韋景雲等 2011:160)①

(35)武鳴壯語：lɯːŋ⁶　kwa⁵　wun²　ʔjou⁵　poːi¹

　　　　　　漂亮　COMP　人　　住　　GO

"比人住的還亮堂。"(韋景雲等 2011:416)

前人儘管早已留意到南寧粵語的"去"有這種特殊的用法,但他們的描述卻跟筆者的記錄有所不同。謝建猷(1994:37)認爲這個"去""常常用來表示某種行爲、動作持續的趨向",歐陽覺亞(1995:51)也有類似的意見。筆者曾經用他們所舉的例子("喞雨落到天光去"[雨下到天亮])向南寧粵語的發音人反覆查詢。發音人覺得句末的"去"還是強調下雨時間的長久,没有任何"動作持續趨向"之義。另一方面,謝建猷(1994)注意到句末的"去"常常和"到"合用,構成[VP－到－VP/NP－去]格式。他的觀察無疑是正確的。在筆者的語料中就不乏這樣的例子(如例 28)。這裏還有兩點需要補充:(一)由於句末的{GO}已經高度語法化,所以它可以出現在趨向補語的後頭,如(30)"蒼蠅都飛來去"。這個例子應該分析爲[[V－來$_{Dd}$]－去$_{PRT}$]。② "來"和"去"絕對不在同一層次之上,更加不是一個詞。③ (二)壯語句末的[poːi¹]大量出

----

① 韋景雲等(2011:160)把句中的[tiːu²]標示爲"那",應係手民之誤。

② 南寧粵語可以説"太冷多,狗都冇願意出去去"(太冷了,連狗都不願意出門),賓陽平話可以説"個個星期都著去南寧出差,把你去得冇願意去去"(每個星期都得去南寧出差,讓你去到不願意再去了)(覃東生 2012:129,133)。例中句末的"去"是程度事態助詞,在它前面的"去"是趨向補語。這種句子的格式是[[V－去$_{Dd}$]－去$_{PRT}$]。

③ 近代漢語和好些現代漢語方言都有"來去"這樣的複合趨向詞,如閩南語:"我卜來去食飯"(我要去吃飯)。參看徐丹(2005:342－343)。這種"來去"絕對不能和南寧粵語、賓陽平話的[V－來－去]格式等量齊觀。

現在［VP－IDEO］結構之後（例 34）和比較句之後（例 35）。南寧粵語和賓陽平話的狀貌詞後綴和比較句均不能帶"去"。從這個角度看，作爲表程度的事態助詞，武鳴壯語［po:i¹］出現的限制比南寧粵語和賓陽平話的"去"都要小。

2.7　使令事態助詞

{GO} 另一個三種語言共有的語法功能，姑且稱之爲"使令事態助詞"。它表達説話者希望、請求、建議或警告聽話人朝著述補結構所指的方向發展。這種結構常常，但不一定出現在祈使句中。林亦、覃鳳余（2008：340）把"去"這種用法稱之爲表"祈使語氣"的事態助詞，覃東生（2012：§4）則稱之爲"事態發展助詞"。這一類 {GO} 往往出現在述補結構之後（但不一定在句末），構成［V－(NP)－R－GO$_{PRT}$］格式。例子有：

(36) 南寧粵語：掃乾浄間屋去，今晚給佢哋來住。（把這房間打掃乾浄，今晚讓他們來住。）（林亦、覃鳳余 2008：340）

(37) 南寧粵語：攞鉸剪剪兜繩斷去！（用剪刀把繩子剪斷！）

nen¹ kau⁵ tʃin³ tʃin³ tɐu¹ ʃeŋ² tʰyn⁴ hy⁵

(38) 賓陽平話：吃菜齊去，飯吃冇齊冇要緊。（把菜吃完，飯吃不完不要緊。）（覃東生 2012：133）

(39) 賓陽平話：呢水著燒川去啊吃得。（這些水得燒開才能喝。）（覃東生 2012：133）

(40) 武鳴壯語：ɣou²　　kɯ¹　　ti⁵　　n²　　li:u⁴　　po:i¹

　　　　　　　1PL　　喝　　點　　這　　完　　GO

　　　　　　　"我們喝完這點(酒)！"（韋景雲等 2011：161）

(41) 武鳴壯語：kwe³　　ȵɯ³　　kou⁵　　ɣa:p⁷ᴸ　　po:i¹

割　　草　　够　　CLF　　GO

"割草够一擔爲止！"（韋景雲等 2011:161）

明顯地，這些句子只能出現在未然的語境中，而且一般以説話的時間作爲參照點。如（36）説出的時候，房間還没打掃好；當聽話人聽到（41）時，他割的草還不足一擔。這個現象不難解釋："去"既然有祈使、建議或警告之意，那就表示事件還没發生。儘管如此，整個事件還是表達了"將現"（future accomplishment）的意思（Luo 1990:169－170）。前面提過，作爲使令事態助詞的｛GO｝經常出現在述補結構之後，如（37）的述補結構是"剪斷"，（38）則是"吃齊"。補語那個成份，可以理解爲説話者要求聽話人所做的動作或狀態達到的程度（參考覃東生 2012:129）。再以（37）和（38）來作説明。前者不單要求聽話人剪繩子，還要剪斷；後者則建議聽話人多吃菜，而且最好吃完。從句法位置上來説，這一類｛GO｝一般出現在句末，但也能出現在小句之後（如 39），這和程度事態助詞一律只出現在句末有所不同。

以上七種語法功能是南寧粵語、賓陽平話和壯語共有的。下面介紹兩種只出現在個別語言中的功能。

2.8　傀儡可能補語

傀儡可能補語（dummy potential complement）一般採用［V－得－GO］或［V－NEG－GO］格式，當中的補語成份"没有什麼特殊的意義，其作用在於使可能式成爲可能"（趙元任 2010［1968］:210），例子包括現代漢語"這飯我吃不了，裏面净是沙子"的"了"，以及近代漢語"度量褊淺，是他容受不去了"（《朱子語類》卷 25）的"去"（李明 2004:308－309）。根據我們的調查，南寧粵語和壯語的｛GO｝在某些情況下都能充當傀儡可能補語：

(42)南寧粵語：佢嘅普通話仲過得去。（他的普通話水平也還可以。）
　　　　　　kʰyⁿ⁴kɛ⁵pʰu³tʰuŋ¹wa⁶tʃuŋ⁶kɔ⁵tɐk⁷ᵃhy⁵

(43)武鳴壯語：te¹　ku⁶pjak⁷ˢ　kwa⁵　dai³　pai¹
　　　　　　3SG 做菜　　　過　　CM　GO
　　　　　　"他做菜過得去。"（李錦芳教授提供）

(42)和(43)分別表示施事者的普通話水平和廚藝還能過關。應該承認：這種結構在南寧粵語和武鳴壯語中都不太能產，它只能出現在一些業已凝固的結構中。其他一些邕潯片粵語（如百色粵語）和賓陽平話都不用"去"作爲傀儡可能補語。

2.9　完整體標記①

武鳴壯語的體系統相當複雜，其中完整體標記就至少有[liːu⁴]"了"、[ʔdai³]"得"、[poːiˈ]三個（Luo 1990：§3，梁敢 2010：§2.2，韋景雲等 2011：142－143）。② 它們有明確的分工，但某些情況下也可以互換。先看兩個以[poːiˈ]作完整體標記的例子：

(44)武鳴壯語：te¹　ŋaːi²　ma¹　hap⁸ˢ　poːiˈ　søːŋˈ　ʔbaːt⁷ᴸ
　　　　　　3SG PASS 狗　咬　GO　2　CLF
　　　　　　"他被狗咬了兩次。"（韋景雲等 2011：159）

①筆者之所以沒有把第2.8節"傀儡可能補語"和第2.9節"完整體標記"併入第2.4節"動相補語"中，是爲了彰顯幾種語言｛GO｝義語素功能上的差異。
②其實羅永現（Luo 1990）、梁敢（2010）和韋景雲等（2011）所討論的完整體標記都不止這三個，例如梁敢（2010）提到[pan⁴]"成"，韋景雲等（2011）則討論過[lu⁶]（語源不明）。這裏列出的三個標記都是三家共有的。

(45)武鳴壯語：te¹　　mup⁸ˢ　γa:i¹　po:i¹　　sø:ŋ¹　tu²　kuk⁷ˢ

　　　　　　　3SG　　打　　死　　GO　　　2　　CLF　老虎

　　　　　　"他打死了兩隻老虎。"(韋景雲等 2011：159)

從這兩個例子可以清楚看到[po:i¹]作爲完整體標記和作爲動相補語有什麼不同。在(44)中，受事成分的數量並沒有因爲動作[hap⁸ˢ]"咬"的實現而減少。這裏[po:i¹]的主要功能是標示動作的實現和完整性。(45)的[po:i¹]則出現在述補結構[mup⁸ˢ γa:i¹]"打死"之後，所以它肯定不是補語，① 而是體標記，其格式是[V－R－GO_{PFV}－NP]。②

　　當完整體標記[po:i¹]出現時，一般是以説話時間作爲參照點(例 44、45)，但也可以配合假設完成的語境：

(46)武鳴壯語：te⁵　　tou¹　ho:i¹　po:i¹　γou²　çi³　ʔdai³

　　　　　　　等　　門　　開　　GO　　1PL　　才　得

　　　　　　hou³　po:i¹

　　　　　　進　　GO

　　　　　　"等門開了咱們才能進去。"(韋景雲 2011：160)

這句話可以理解爲：只有前面分句所反映的情況實現(tou¹ho:i¹po:i¹"門開了")，後續分句所反映的情況(γou² hou³ po:i¹"咱們進去")才能成立。句中的完整體標記[po:i¹]可以用[li:u⁴]"了"替換。

———————————

① 在討論漢語南方方言的情況時，劉丹青(1996：17)即以"能否用在動結式後"區分"補語性體標記"(略相當於這一章的"動相補語")及"純體標記"。"純體標記"可以出現在動結式後，"補語性體標記"則不能。他的標準，也大致適用於壯語。

② 和[li:u⁴]"了"不同，作爲體標記的[po:i¹]不能出現在整個謂語之後，即[V－R－NP－GO_{PFV}]是不合語法的(Luo 1990：162－163)。

　　如果由形容詞充當謂語，[po:i¹]"去"則表示行爲對象發生了變化，而且情況還持續著，具有[＋實現][＋持續]的語義特徵。這種用法往往是針對預期情況而言的，表示超過了或未達到目標（參考韋景雲等 2011:160 的説明）。梁敢（2010:43）把這種用法稱爲"狀態變化標記"。筆者認爲它還是完整體標記，只是在配合動詞和形容詞時有不完全一樣的表現而已。舉兩個例子：

(47)武鳴壯語：ti:u² 　pu⁶ 　　　n² 　rai² 　po:i¹ 　ti⁵

　　　　　　　CLF 　衣服 　這 　長 　GO 　些

　　　　　　　"這件衣服長了一點。"（韋景雲等 2011:160）

(48)武鳴壯語：ta⁶ 　çe³ 　sa:ŋ¹ 　po:i¹ 　ta⁶ nu:ŋ⁴ 　ha³ 　ço:n⁵

　　　　　　　姐姐 　高 　GO 　妹妹 　5 　寸

　　　　　　　"姐姐比妹妹高五寸。"（韋景雲等 2011:160）

(47)的[rai²]"長"和(48)的[sa:ŋ¹]"高"都是行爲對象已經發生變化並持續的狀態。這種格式後面還可以加上數量短語，表示和預期情況/目標的差距。(48)甚至出現了比較對象[ta⁶ nu:ŋ⁴]"妹妹"，使它的格式和比較句的十分接近（參看例 35）。但由於表目標差距的數量短語[ha³ ço:n⁵]"五寸"不能删去，所以[po:i¹]不能視爲比較句的標誌。

　　[po:i¹]充當完整體標記時，對動詞的語義有較大的限制，①相關的動詞一定不能帶[＋獲得]義。下面兩個例句都不合語法：

———————

①羅永現（Luo 1990:161—162）指出：壯語中作爲完整體標記的{GO}可以和"帶目標的程序動詞"（process verb taking target objects）結合，如"*çwǎy pǎy sǎam lāai naà*"（plough－PFV－3－CLF－field ＝ "ploughed three patches of field"）。這一種"去"的語法化程度最高，可以和另一完整體標記 *liêu*"了"互换。

(49)武鳴壯語：*ŋon² nai⁴te¹ to³ hiŋ² poi¹ ha³ faːn²

　　　　　　 天　　 這 3SG　 賭　 贏　 GO　 50,000

　　　　　　 moːn²

　　　　　　 錢

　　　　　　 "今天他賭贏了五萬塊。"（梁敢 2010：44）

(50)武鳴壯語：*houː³ pi¹ nai⁴ touː³ te¹ pi² poi¹

　　　　　　 進入　 年　 這　 來　 3SG　 胖　 GO

　　　　　　 ɕip⁸ˢ kan¹

　　　　　　 10　　 斤

　　　　　　 "這年來他肥了十斤。"（梁敢 2010：44）

要使這兩句變得合語法，必須把完整體標記改換爲[ˀdai³]"得"。[poːi¹]作爲完整體標記時有這樣的限制，應該和它本來的語義具有[＋消失]、[＋分解]、[＋閉合]的特徵有關。從結合的動詞語義類型來看，[poːi¹]和[ˀdai³]"得"這兩個完整體標記出現的環境幾乎是互補的（Luo 1990：174-179）。

3. "去"的語義演變路徑及語法化路徑

爲南寧地區語言的｛GO｝擬構語義演變路徑及語法化路徑，是一件十分困難的工作。其難處主要在於兩點：（一）｛GO｝的義位/語法功能極爲豐富。我們一方面要把那九個義位/語法功能都排到合理的位置上，另一方面要清楚説明演化的過程，並給出充分的證據。（二）在本章調查的三種語言中，｛GO｝都有"前往"和"花費"這兩個最基本的義位。這兩個義位錯綜複雜的關係，使｛GO｝的演變路徑更難掌握。事實上，討論漢語"去"語義演變/語法化的文獻毫不缺乏(參考第 1 節),可是前人的注意力往往只集中在某幾個功能上,而且無論討論的對象是古漢語抑或是現代漢語方言,其"去"的多功能性似乎都無法與南寧地區那三種語言媲美。可以説,{GO}的語義演變和語法化路徑的全景還没被揭示出來。

　　筆者相信,語義演變的方向和語法化的方向都具普遍性。因此,下述擬構應同時適用於三種語言 —— 儘管有些時候我們只會舉其中一兩種語言的例子。

　　這裏還要稍爲説明一下"語義演變"和"語法化"的區別。語義演變是實義詞通過引申等方法,使義位擴大、縮小或轉移。但無論是演變前還是演變後的義位,都在實義詞的範圍内。語法化是指實義詞在某一格式下演變爲語法詞,或者是語法詞在某一句法格式下演變爲更虛的語法詞。

3.1　語義演變:趨向動詞>"去除"義動詞>"花費"義動詞

　　上古漢語的"去"作爲趨向詞時只有"離開"義,没有"前往"義,因此"孟子去齊"(《孟子·公孫丑下》)只能理解爲"孟子離開齊國"。"去"由"離開"義演變爲"前往"義,大概始於兩晉,但到了唐代才真正普及起來。這其中涉及非常複雜的過程,並不是單純的引申,這裏不擬詳探(參看徐丹 2005 和 Xu 2006 的綜合討論及其所引文獻)。我們有興趣知道的是:"離開"義和"去"的其他義位之間到底有什麼關係?

　　"去"早在上古漢語裏就已經發展出"去除"這個義位,如"見惡,如農民之務去草焉"(《左傳·隱公六年》)。這種用法還保存在許多現代漢語方言中,如廣州粵語:"呢種洗頭水可以去頭皮嘅"(這種洗髮水能除頭屑的)。由"離開"義發展爲"去除"義,屬語義演變中的"轉移"(參看蔣紹愚 2005:77—81)。"去"作爲趨向詞時,指向由處所名詞短語充當的賓語;當它作爲"去除"義動詞時,則指向由一般名詞充當的賓語。參看(51)。

(51)上古漢語"去"的義位及其所出現的格式

"去" {"離開"義動詞:[去 NP_{LOC}]([離開]+[處所])
"去除"義動詞:[去 NP]([離開]+[物件])

既然"去"的"去除"義是由"離開"義發展而來,那麼它跟"前往"義("去"後來發展出來的義位)就應該沒有太大的關係了。這個認識相當重要,稍後還會談到。

現代漢語的"去"已經沒有"離開"這個義位了,而"前往"和"去除"這兩個義位則保留下來。至於"花費"義,顯然是源於"去除"義。具體一點説,它是"去除"義範圍的"縮小"(參看蔣紹愚2005:76-77):"去除"的義素是[離開]+[物件],而"花費"的義素則是[離開]+[可消耗的事物]。"可消耗的事物"只是芸芸衆多"物件"的其中一種。也就是説,由"去除"義發展至"花費"義,原來的義位增加了限定性義素。南寧粵語和賓陽平話的"去"做實義詞時雖然只有"前往"義和"花費"義,但有理由相信它曾經也有過"去除"義,因爲"花費"義是經由"去除"義演變出來的。

"去"作爲實義詞的四個義位——"離開"、"前往"、"去除"、"花費",上文已經一一介紹過了。下圖是它們之間的演變關係。方框代表南寧粵語和賓陽平話所擁有的義位。

(52)"去"的語義演變

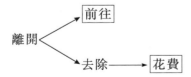

如果我們所處理的只有漢語方言,那當然没有什麽值得懷疑的地方。問題是武鳴壯語的｛GO｝同時也有"前往"和"花費"這兩個義位。需要知道,壯語的｛GO｝並不像古漢語那樣具有"離開"義。①可是根據(52),"前往"這個義位和"去除"、"花費"這兩個義位中間是没有任何連接的。② 從這點出發,我們認爲:早期壯語的｛GO｝之所以有"去除"義,是受漢語影響的結果。也就是説,是語言接觸使壯語的｛GO｝發展出"去除"義。至於這種現象形成的具體機制,留待第 4 節再作交代。

3.2　語法化:趨向動詞＞趨向補語＞目標格介詞

　　｛GO｝如何由趨向動詞發展爲趨向補語,前人已有相當充份的討論(漢語方面,參看第一節所引文獻;壯侗語方面,參看曹廣衢1994),在此不贅。而目標格介詞的形成,相信源於動趨式[V－GO](參看吴福祥 2010:107 對南寧粵語相關格式的討論)。當 V不是"上、落"等路徑趨向詞時,處所名詞便出現在整個格式的後方,構成[V－去－NP_{LOC}]。"去"在這種格式下由趨向補語進一

①壯侗語"離開"(to leave)一詞可能借自漢語的"離",如泰語 *laa*(Li 1977a:133)。
②我們不能完全排除"前往＞去除"這種語義演變的可能性。李明(2004:291)指出:"'去'指明動作者向背離説話人在説話時間的方位移動"。因此,"前往"本身就隱含了"離開",而"離開"正是"去除"其中一個義素。但這種解釋非常曲折,而且不能解決指向的問題("去除""指向是賓語,即受動者被移動";"前往"則指向主語,是施動者自移。參看徐丹 2005:352),遠不如"離開＞去除"那樣來得自然。更何況在漢語方言中,"前往"和"去除"普遍都是由同一個"去"表達出來的。這使我們深深懷疑壯語｛GO｝的"去除"義是不是源於語言的内部發展。

步語法化爲目標格介詞,其功能是介引處所名詞。

3.3　語法化:趨向動詞＞程度事態助詞

　　{GO}表趨向時,表示背離指示中心的運動。它既可以是有目標、有限度;也可以是無目標、無限度。由於{GO}有無限度的一面,所以它能強調事件的結果或狀態達到使人感到意外的程度(參考李明 2004:300－302)。程度事態助詞的形成,我們認爲是連動式[VP₁－GO_{V2}]重新分析的結果。林亦、覃鳳余(2008:339)舉了南寧粵語中一個很有意思的例子:

(53)南寧粵語:今物有乜嘢重要嘅事,穿西裝去?(今天有什麼重要的事,穿西裝去[參加]? /今天有什麼重要的事,要穿西裝這樣隆重?)

這句子是有歧義的。句中的"去",可以理解爲趨向動詞,這樣"穿西裝去"就是連動式[VP₁－去_{v2}];但也可以把"去"看成是程度事態助詞,如此"穿西裝去"所表達的是"穿西裝這樣隆重的程度",其格式爲[VP－去_{PRT}]。這種帶歧義的句子,提供了語法化過程中的"搭橋語境"(bridging context)(Heine 2002),也説明了連動式的重新分析是"去"作爲程度事態助詞的源頭。① 注意這個"去"無論在什麼情況下都要出現在句末,後面不能帶賓語,表示了"去"的無限度。

　　漢語動詞的句法演變和連動式息息相關(cf. Peyraube 1996; Djamouri & Paul 2006;Chappell & Peyraube 2011)。動態助詞"了"、"著",助動詞"能"、"會",介詞"把"、"將",以及副詞"還"、

―――――――――

① 南寧粵語並不是該地區唯一一種擁有這種歧義的語言。事實上,賓陽平話和武鳴壯語也有類似的現象。這裏只是以南寧粵語作爲代表而已。

"就"的産生都源於連動式的重新分析(邢志群 2003)。現在知道,程度事態助詞"去"也是屬於同一類例子。

3.4　語法化:趨向動詞/"去除"義動詞/"花費"義動詞＞動相補語

　　梁銀峰(2007:152－174)仔細地考察了古漢語中趨向動詞"去"語法化爲動相補語的路徑。首先是西漢時代[V－去]格式的出現。如果 V 是動作動詞(如"逃"),表示從此地到彼地所發生的位移運動;如果 V 不是動作動詞(如"滅"),"去"便有虛化的趨勢,但還不能算是動相補語。到了南北朝,"去"慢慢引申出"後、以後"的意思。它經常跟在某些狀態形容詞和不及物動詞之後,表示某種狀態發生了以後,接著發生另一件事,其格式是[V－去－VP₂]。"VP₂"必須出現,這樣語義才比較圓滿。到了唐代,[V－去]的語義漸趨自足,不一定需要後續分句,這時候"去"最主要的功能是表情狀的出現,可以確認爲動相補語。南寧粵語和賓陽平話某些[V－去PC]的例子應該是古漢語孑遺,例如"斷去"、"偷去"等等。它們都有相當程度的詞彙化傾向。

　　可是,我們認爲:三種語言動相補語"去"的主要源頭並不是趨向動詞,而是"去除"義動詞或"花費"義動詞。徐丹(2005:352)敏銳地指出:古漢語"V－去"的句型可以分爲兩類。一類是"V 去[＋掉]",V 的内涵往往和"除"義有關;另一類是"V 去[＋離]",V 的語義内涵常常是移動動詞。這種分類,也大致適用於本章所討論的三種語言。① 這裏需要進一步指出:｛GO｝作爲"去除"義動詞

①"花費"義動詞｛GO｝可以和"去除"義動詞｛GO｝視爲一類,對應"V 去[＋掉]"句型。

或"花費"義動詞時,本身就經常帶賓語(而且是帶數量的賓語)。所以,"使去兩千文銀"(=例19。這是賓陽平話的例子,南寧粵語和武鳴壯語的説法也與之一致)既可理解爲連動式,即:"使錢"+"去兩千文銀";也可以理解爲簡單的述賓式,即"花掉兩千塊","去"是動相補語,表示動作的實現。依照上述的分析,這一類[V－GO$_{PC}$－NP$_{NUM}$]格式是通過連動式[V$_1$－GO$_{V2}$－NP$_{NUM}$]重新分析而形成的。①

古漢語作爲動相補語的"去"一般出現在[V－去]格式中,極少帶賓語,這是因爲它"由實詞變爲動相補語不是由於前面動詞語義類型的擴大,而是由於自身句法位置的改變"(梁銀峰2007:172)。相反,本章所調查的三種語言,[V－GO$_{PC}$]格式以帶受事賓語爲常。這也説明了古漢語和現代南寧地區語言的動相補語"去"有不一樣的形成過程。

以往學者討論"去"的語法化過程時,常拿它跟另一趨向動詞"來"作對比(如李明2004;梁銀峰2007)。然而,南寧地區語言的動相補語{GO}主要源自"去除"義動詞或"花費"義動詞,而非趨向動詞。真正跟{GO}對立的似乎不是"來",而是"得"。武鳴壯語[^{7}dai^3]"得"和[po:i^1]做動相補語/完整體標記時,呈互補分布,正好有力地説明了這一點。

3.5　動相補語＞使令事態助詞

使令事態助詞是由動相補語進一步語法化而來的。我們可

---

① 覃東生(2012:132)雖然注意到動相補語"去"在"使去一百文銀"之類的格式中語義較實在,但他没有把"去除"義動詞/"花費"義動詞和動相補語聯繫起來。他認爲動相補語是趨向補語語法化的結果(覃東生2012:150)。

以以賓陽平話的例子作説明。先看看(54)和(55)：

(54)賓陽平話：呢舊報紙冇取啊，賣去。（這些舊報紙不要了，賣
　　掉。）（覃東生 2012：152）

(55)賓陽平話：根木根攔路多，砍去。（這棵樹太擋路了，把它砍
　　掉。）（覃東生 2012：152）

從格式上來説，這些出現在句末的動相補語〔GO〕都承載了祈使
的語氣，爲進一步語法化提供了契機。從語義上來説，表使令的
事態助詞雖然出現在未然的語境中，但都有“將現”的意思。羅永
現(Luo 1990：170)甚至認爲它屬於“主觀將來完整體標記”(sub-
jective future perfective marker)。動相補語表動作或狀態的實
現。這點可以和表“將來實現”的使令事態助詞聯繫起來。上述
兩個例句都出現在所謂的“搭橋語境”裏，但它還不能算是使令事
態助詞。真正的使令事態助詞，出現在(38)“吃菜齊去”中。“去”
的位置在述補式之後，不能再理解爲動相補語。它已經語法化爲
一個表達類似祈使語氣的助詞。這例子出現在 Heine(2002)所説
的“轉換語境”(switch context)中。至於(39)“呢水著燒川去啊吃
得”的“去”，位置在句末以外，而且不需要依靠語境的烘托，也能
表達其語法意義，其語法化程度比(38)的“去”還要高。Heine
(2002)所定義的“固化語境”(conventionalization context)，從這
例句中可以體現出來。

　　漢語普遍有這樣的傾向：動詞後的“來”可以表示結果可見、
可感知，或者是説話人所企望的；相反，動詞後的“去”表結果不可
見、不可感知，或者是説話人所不願見的(李明 2004：305－307)。
南寧粵語和賓陽平話用動詞後的“去”表祈使、建議、希望、請求，

在漢語方言中並不常見。①

3.6　動相補語＞傀儡可能補語

動相補語｛GO｝另一個語法化方向是演變爲傀儡可能補語，這和普通話"了"的語法化路徑（動相補語＞傀儡可能補語）是一致的。當｛GO｝充當傀儡可能補語時，趨向義和實現義已經完全消失。它只是一個充數的補語（參看李明 2004:308—309）。②

3.7　動相補語＞完整體標記

動相補語是完整體標記其中一個最主要的來源，這點前人已作過反復的論述，殆無異議。例如 Bybee et al.（1994:57—61）認爲完結體（completive）是完成體（anterior）和完整體的源頭。完結體實質上就是動相補語的其中一種（參看陳前瑞 2008：§4；董秀芳 2009）。漢語的完整體標記"了"、"著"都是由動相補語語法化而來的。壯語的［po:i¹］的演變模式也應該一樣。需要再強調一下：壯語的動相補語［po:i¹］主要源自"去除"義動詞或"花費"義動詞，而不是趨向動詞。因此，如果要追溯壯語完整體標記［po:i¹］的語法源義，就應該從"去除"義動詞或"花費"義動詞著

①普通話"VP 去"的"去"可表目的（趙元任 2010[1968]:221—222）。目的和使令的性質並不完全一樣。
②吳福祥（2010:101）認爲傀儡可能補語"來"的語法化路徑爲：趨向動詞＞趨向補語＞傀儡可能補語。筆者認爲傀儡可能補語"來"也是源於動相補語。一來可以參照"了"的語法化路徑，二來用"來"當傀儡可能補語的方言也用它當動相補語，如廣州粵語："人工加嚟（＝來）都冇用"（工資漲了也沒用，"嚟"當動相補語），"呢件事咁難，我做唔嚟。"（這件事這麼難，我做不來，"嚟"當傀儡可能補語）（張洪年 2007[1972]）。

手。這點可從[poːi¹]不能與[＋獲得]義動詞配合(第2.9節)得到確認。① 董秀芳(2009)認爲某些閩語方言(如福州、汕頭、海口)用"去"做完整體標記,很可能是來源於"去除"義,跟"前往"義無關。如果屬實,那麼福州等閩語方言的"去"和壯語的[poːi¹]便有著相似的語法化路徑了。

3.8　語義演變及語法化路徑

(56)是南寧地區三種語言｛GO｝的語義演變(以"➡"表之)及語法化(以"⟶"表之)路徑:

(56)｛GO｝的語義演變及語法化路徑

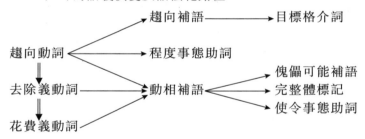

對於漢語和壯語｛GO｝的語法化路徑,前人已有頗多討論,並有一定的共識。本章在論證的過程中吸收了他們若干分析。但和他們的擬構比較,本圖仍有以下幾個特點:

(一)既關心語法化路徑,也重視語義演變的方向:本章特別強調,｛GO｝除了作爲趨向動詞外,在南寧地區的三種語言中也能充當"花費"義動詞,而"花費"義相信來源於"去除"義。｛GO｝

────────────

①這相信和[poːi¹]本來的語義特徵有關。Hopper(1991)把這種現象稱爲"滯留"(persistence)。

做實義詞時已經有兩三個義位,爲日後複雜的語法化埋下了伏綫。

(二)動相補語是整個語法化過程的樞紐:動相補語有趨向動詞、"去除"義動詞和"花費"義動詞三個來源,而它本身又進一步語法化爲傀儡可能補語、完整體標記和使令事態助詞,構成"多向語法化"。可以説,南寧地區語言｛GO｝的大部分功能都可以跟動相補語拉上關係。有一點需要特別強調:本圖中的動相補語主要源於"去除"義動詞和"花費"義動詞,源自趨向動詞的反而是少數(可能只局限於兩種漢語方言某些已經凝固的結構),所以｛GO｝的語法化和趨向義的關係其實並不突出。趨向動詞的典型語法化路徑(參看第 1 節)也許不完全適用於我們的例子上。這點和以往相關研究的觀察角度有所不同。

(三)標示了特殊的語法功能:圖中有兩個少見於其他漢語方言或古漢語的語法功能:程度事態助詞和使令事態助詞。前者源於連動式[V－GO]的重新分析,後者則由動相補語發展而來。

(四)三種語言所擁有的義位/語法功能數目並不一樣:(56)標示了 10 個｛GO｝的義位和語法功能,除了"去除"義外,擁有其餘九個義位/語法功能的,只有壯語一種語言。南寧粵語有八個義位/語法功能,賓陽平話則只有七個。在三種語言中,只有壯語用｛GO｝充當完整體標記。完整體標記由動相補語進一步語法化而來,語法化程度最高。我們知道:一個多功能語素如果證實在同一地區的不同語言中被"複製"(replicate),那麼它的語法化程度就揭示了哪種語言是模式語,哪種語言是複製語。這是本章第 4 節討論的其中一個重點。

4.詞彙複製與語法複製

　　本個案最引人入勝的地方,在於它牽涉到兩次方向、形式,甚至可能連地點都不一樣的語言接觸。{GO}在南寧地區的語言中有那麼豐富的義位和語法功能,即緣於此。這裏先簡單地把大概説一説。第一次語言接觸,壯語的前身以漢語作爲模仿的對象,使自己的{GO}增加了一個義位:"去除"。遷移(transfer)的方向爲:早期漢語>早期壯語。具體發生的時間,可能在一千年以上,地點是中國的西南方(但不一定在廣西境内)。第二次語言接觸,漢語方言(賓陽平話和南寧粵語的前身)把壯語{GO}的多功能模式"複製"到自己身上。這次接觸遷移的方向是:壯語>南寧粵語/賓陽平話。至於發生時間,應該在邕潯片粵語遷入廣西之後,最多只有 200 年歷史,地點就在南寧一帶。這兩次接觸相距可能達數百年,甚至上千年之久。期間{GO}在壯語(尤其是北部壯語)裏經歷了"多向語法化",發展爲多功能語素。現在把具體論證都拿出來,以證明上述的説法。

4.1　第一次接觸

　　正如第 3.1 節所説,早期壯語的{GO}只有"前往"義,而"前往"義由於指向的關係,不太可能引申出"去除"義。加上{GO}在漢語中早就發展出"去除"這義位,所以我們有理由認爲:早期壯語通過和某種漢語方言接觸,把漢語{GO}的"去除"義位借了過去。這種遷移只涉及語義,不涉及語音形式。也就是説,壯語没有把漢語"去"的讀音借過去,不是一般的借詞。在 Heine & Kuteva(2010:87)的體系中,這種個案屬於"詞彙複製"(lexical replication)的範疇。"詞彙複製"和"語法複製"同處"複製"的下位,和涉及語音形式的"借用"(borrowing)相對。"詞彙複製"在語言發展史上屢見不鮮,並非什麼稀奇古怪的現象。例如漢語的"星"本來只是指天文學定義的星體,但受英語"star"多義性的影響,現在也能指"歌星"、"影星"的"星"。圖(57)概括了壯語"去"義語素中"去除"這個義位的形成過程:

(57)詞彙複製:"去"義語素中"去除"義位的遷移以及"花費"義位的產生

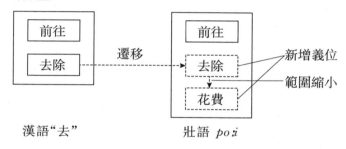

這次接觸的規模雖然可能比第二次接觸(壯語>南寧粵語/賓陽平話)小,過程也相對簡單,但其重要性絕對不容忽視。如果不是因爲接觸,壯語的{GO}便不可能發展出"花費"這個義位("花費"義由"去除"義演變而來,見3.1節),而動相補語、完整體標記、使令事態助詞等語法功能也統統無從談起。可以說,這次接觸爲壯語埋下了日後{GO}走向"多向語法化"的種子。

4.2　第二次接觸

至於第二次接觸,過程比第一次複雜得多。要充份理解這次接觸,必先回答三個問題:(一)怎麼知道三種語言{GO}的多向語法化和語言接觸有關? (二)如果真的涉及語言接觸,那怎麼知道遷移的方向是"壯語＞南寧粵語/賓陽平話"？（三）這次接觸，{GO}有什麼義位/語法功能被遷移了？遷移的過程是怎樣的？下面依次討論。

　　幾種語言擁有某個相同的語法範疇和語法化路徑，不外乎五個原因：（一）它們具發生學關係。相同的語法範疇/語法化路徑是共同存古的結果；（二）它們曾經發生接觸。語法範疇/語法化路徑由一種語言遷移到另一種語言去；（三）純粹巧合；（四）平行發展或沿流（drift）；（五）依照歷史演變的普遍原則發展而來（參看 Dixon 1997:14－15；Aikhenvald & Dixon 2001:1－4；吳福祥 2009b:198）。壯語和漢語是否有發生學關係，容有爭議。即使它們真的有發生學關係，距離也應該相當遠。而且在其他漢語方言中，{GO}的語法化都並不像南寧粵語和賓陽平話那樣發展出使令事態助詞和程度事態助詞等語法功能。因此，{GO}的多向語法化應該和發生學無關。"純粹巧合"一説無助於解決問題。兩種語言"巧合"地發展出相似的語法範疇，還容易説得過去；但現在三種語言都有類似的現象，"巧合"的機會就大大降低了。"平行發展"一説又如何呢？它其中一個不利的地方，在於不能解釋爲什麼擁有相同語法範疇的語言都集中在一小塊區域裏，而區域以外的語言卻甚少出現類似的範疇。本個案跟"歷史演變的普遍原則"大概也没什麼關係，因爲程度事態助詞和使令事態助詞等幾種語法功能在廣西以外地區都不常見，Heine & Kuteva（2002）的語法化詞庫也没有相關的記錄。吳福祥（2009b:199）甚至認爲：類似這種"跨語言罕見的語法化模式"，是判定接觸引發語法化的良好指標。

　　除了上述那幾點外，也要留意相關的語法化模式是否屬於"簇聚式"（clustered）語法化，即"一個語法範疇或語法標記的産生涉及兩個以上互相關聯而又相對獨立的語法化過程"（吳福祥 2009b：200）。多向語法化是"簇聚式"語法化的其中一種。有證據表明：如果兩種或更多毗鄰的語言裏對應的語法範疇或語法標記的形成過程涉及"簇聚式"語法化，其背後的動因通常是語言接觸（Heine & Kuteva 2005：186；吳福祥 2009b：200）。這樣看來，南寧地區幾種語言的 {GO} 之所以有共同的多功能模式，應該是語言接觸的結果了。

　　Heine & Kuteva（2005：33）還提出了一個辨別"接觸引發的遷移"的準則，吳福祥（2009b：201）稱之為"發生學關係的分布模式"。這準則不單能辨別兩種語言中相同的語法範疇/語法化路徑是否源自接觸，還能判定遷移的方向。簡單來說，如果 M、R 兩個不具發生學關係（或發生學關係較遠），但地理上毗鄰而又有長期接觸的語言共同擁有語法範疇 x，這個 x 可以在和 M 有發生學關係的語言中找到，但不能在和 R 有發生學關係的語言中找到，那 x 很可能是 R 語和 M 語接觸後的產物。遷移的方向是 M＞R。現在把鏡頭拉到三種語言的親屬語言去。我們會把重點放在程度事態助詞、使令事態助詞和表動作實現的體標記上。[①] 這三個範疇最能突顯區域內外各種語言的 {GO} 在功能上的不同。

　　武鳴壯語是壯語北部方言。事實上，壯語南部方言也普遍用 {GO} 充當程度事態助詞。其出現的格式和語義大體上和武鳴一致。下面舉靖西壯語和龍州壯語的例子：

(58) 靖西壯語：loːŋ⁵　tɔːŋ²　ɬaːi¹ wo²　tsap⁷　leːu⁴　pai¹

---

① 這包括動相補語、完成體標記和完整體標記。它們構成一個連續統（continuum）。

喊　　CM　　喉嚨　　痛　　完　　GO

"喊到喉嚨都痛了。"(覃東生 2012:148)

(59)靖西壯語:kən² 　kəi³pəi²pəi²pai¹ , məi² 　ɬoːŋ¹paːk⁷ 　laːi⁴

人　　這胖胖 GO　　有　　200　　　多

kan¹ 　pai¹

斤　　GO

"這個人真胖,有 200 多斤呢。"(覃東生 2012:149)

(60)龍州壯語:joːmʔ⁴ 　deːŋ¹ 　deːŋ¹ 　pai¹

染　　紅　　紅　　GO

"染的紅紅的。"(李方桂 2005a[1940]:263)①

類似的現象,也可以在境外一些台語支語言中看得到,不過出現的環境比較局限,例如標準泰語的程度事態助詞 *paj* 只能置於形容詞之後:

(61)標準泰語:*rew* 　*paj*

fast　　GO

"too fast"(Bilmes 1995:39)

(62)標準泰語:*mâag* 　*paj*

much　　GO

"too much"(Bilmes 1995:39)

　　至於以 {GO}作爲使令事態助詞,也不難在壯語南部方言中

---

① 李方桂(2005a[1940]:263)認爲:這個例子 {GO}的功能,是"在形容詞後表示其情況或所變成的情況。"我們注意到句中的 deːŋ¹"紅"採用了重疊式。壯語重疊式有表示性狀程度進一步加强的功用。這裏的 pai¹ 應該是程度事態助詞,强調狀態達到令人意想不到的程度。

找到例子：

(63) 靖西壯語：pa:ŋ^1　ŋo:^{5} ɬak^{8}kai^5 ɬi^{3}kʰu^5　kan^{1}tsəŋ^6　pai^1

　　　　　幫　1SG 洗 CLF 衣服　乾净　　GO

　　　　　"幫我把這些衣服洗乾净。"(覃東生 2012：147)

(64) 靖西壯語：ni^2　au^{1}kai^5　toŋ^{1}ɬai^1 kəi^{3}po^{4}nai^{1}nai^{1}pai^1

　　　　　2SG 拿 CLF　東西　　這 放 好 好 GO

　　　　　"你把這些東西放好。"(覃東生 2012：147)

(65) 龍州壯語：dap^7　ŋe^5　təŋ^1　pai^1

　　　　　熄滅　CLF　燈　　GO

　　　　　"把盞燈滅了。"(李方桂 2005a[1940]：264)

最後看看表動作實現的體標記。(66) 和 (67) 的 {GO} 都出現在述補式之後，其作爲完整體標記的地位甚明：

(66) 靖西壯語：ka:i^{5}lau^{2}kin^{1}kʰau^3　əm^{5}pai^{1}ja^5　tsu^{5}kin^{1}lau^3

　　　　　1PL　吃 飯　　飽 GO PRT 才 吃 酒

　　　　　"我們吃飽了飯才喝酒。"(覃東生 2012：148)

(67) 靖西壯語：ma:k^7　pin^{2}ko^5 kin^{1}le:u^4　pai^{1}ja^5

　　　　　水果　蘋果　吃 完　　GO PRT

　　　　　"蘋果吃完了。"(覃東生 2012：148)

(68) 龍州壯語：ʔi^5　pʰium^1　jə:ŋ^1 ja:k^7　pai^1　tʰu:n^3

　　　　　CLF 頭髮　　散亂　　GO　完全

　　　　　"頭髮是完全散亂的。"(李方桂 2005a[1940]：263)

此外，個別水語支語言(如水岩水語)和境外台語支語言(如標準泰語)都用 {GO} 表動作的實現：

(69) 水岩水語：tsǎ^3　nai^4　pai^1

　　　　　　eat　　meat　GO

　　　　　　"把肉吃掉。"(李方桂 2005c[1977b]:246—247)

(70)標準泰語:*khanǒm-khéek*　　*wèɛŋ*　　*pay*

　　　　　　cake　　　　　nibble　GO

　　　　　　"The cake has been nibbled at. "(Iwasaki & Ing-

　　　　　　kaphirom 2005:163)

(71)標準泰語:*phɔ́-wâa hěn kɛɛ*　　*hǎay*　　*pay mây*　　*maa*

　　　　　　because see 3SG　　disappear　GO NEG　come

　　　　　　lian

　　　　　　study

　　　　　　"Because I noticed that she had disappeared and

　　　　　　didn't come to study. "(Iwasaki & Ingkaphirom

　　　　　　2005:164)

Iwasaki & Ingkaphirom(2005:163)指出:標準泰語 *pay* 所表達的是完成體,強調破壞動作或消失動作的完成,而這些動作往往和説話時間有關。完成體是完整體最重要的源頭,兩者關係密切(Bybee et al. 1994:81—87)。{GO}在較多壯侗語裏作爲表事件實現的體標記,證明它由動詞語法化爲體標記的時間相當早,可能在水語支和台語支分裂前已經發生。

　　看過上述的分析後,可以得出這樣的結論:以{GO}做程度事態助詞、使令事態助詞和表動作實現的體標記,不單見於武鳴壯語,連其他壯語方言,甚至其他壯侗語語言也都有相似的現象。

　　相反,廣西以外的漢語方言,基本上都不用{GO}充當程度事態助詞和使令事態助詞。用同樣的例句做比較,馬上便可以看到差異之所在。跟南寧粵語比較的是廣州粵語。賓陽平話因來源

不明,這裏同時列出廣州粵語和普通話的對應以作參考。(72)和
(73)是程度事態助詞的例句,(74)和(75)則和使令事態助詞
有關:

(72)廣州粵語:　　落雨落到心煩。
　　　比較南寧粵語:落雨落到心煩去。(＝28)
(73)廣州粵語:　　啲生果甜到□[nɐu⁶]。
　　　普通話:　　　這些水果甜得發膩。
　　　比較賓陽平話:呢果子甜到膩去。(＝31)
(74)廣州粵語:　　　掃乾淨間房,今晚畀佢哋來住。
　　　比較南寧粵語:掃乾淨間屋去,今晚給佢哋來住。(＝36)
(75)廣州粵語:　　　食晒啲菜佢,飯食唔晒唔緊要。
　　　普通話:　　　　把菜吃完,飯吃不完不要緊。
　　　比較賓陽平話:吃菜齊去,飯吃冇齊冇要緊。(＝38)

可以清楚看到:廣州粵語和普通話都不用"去"做程度事態助詞和
使令事態助詞。我們翻查過近代漢語和早期粵語的文獻,結果也
沒找到"去"有這樣的用法。

　　南寧粵語和賓陽平話的"去"雖然都可以做動相補語,但不能
充當完整體標記。事實上,就大部分漢語方言而言,以"去"作爲
動相補語,並不能產,①像"減去"、"刪去"、"除去"這些都慢慢已
經凝固爲詞。可是在南寧粵語和賓陽平話中,動相補語"去"卻異
常活躍,很多時候其他方言根本不能用"去"對譯它們的動相補語

———————————

①台灣閩南語是其中一個例外,"去"經常以動相補語的身份出現,例子有
　"無去"(不見了)、"用去"(用掉)、"暗去"(暗了)、"煮了去"(煮完了)等,參
　看連金發(1995)。閩南語和南寧粵語、賓陽平話沒有特別密切的發生學
　關係,因此這不會影響我們的論述。

"去"。看看兩個先前援引過的例子(18 和 19),以及它們在廣州粤語和普通話的對應:

(76)廣州粤語:　　佢一口氣食咗廿幾隻餃子。
　　比較南寧粤語:佢一口氣食去廿幾隻餃子。(=18)
(77)廣州粤語:　　呢次去桂林玩使咗兩千蚊。
　　普通話:　　　這次去桂林玩花掉兩千塊錢。
　　比較賓陽平話:舉次去桂林遊使去兩千文銀。(=19)

例(76)南寧説"食去",廣州則説"食咗"(廣州粤語不能用動相補語。"咗"是完整體標記);例(77)賓陽説"使去",廣州説"使咗",普通話説"花掉"。彼此之間的差異十分顯著。我們有理由相信:南寧地區兩種方言作爲動相補語的"去",是受到壯語的影響才激活起來的。換句話説,假如沒有和壯語接觸過,南寧粤語和賓陽平話的"去"以動相補語身份出現的頻率應該會大大減少。這種遷移和先前提及的程度事態助詞及使令事態助詞不同。因爲"去"在南寧粤語和賓陽平話的祖先語言中已經可以做動相補語(儘管數量不多,相關格式也不完全一樣),只是和壯語的接觸使它變得更活躍而已。這種現象,屬於 Aikhenvald(2006:22)所説的"已有特徵的強化"。這是語言接觸其中一個常見的結果。

　　把上述這些放到先前所引 Heine & Kuteva(2005:33)的論證之中,可以知道壯語是 M,南寧粤語和賓陽平話是 R,遷移的方向爲:壯語>南寧粤語/賓陽平話。這個遷移的方向,還可以從以下兩點得到確認:

　　第一點是多功能語素的語法化程度。如果兩種語言 M 和 R 相同的語法範疇/語法化路徑證實源自接觸,而遷移的方向爲 M>R,那麼相關範疇在 R 語中的語法化程度往往會比 M 語低。語法化程度和"去範疇化"(decategorialization)、"去語義化"(desemanti-cization)和"語音弱化"等參數密切相關(Heine & Kuteva 2005：15—17；吳福祥 2009b：202)。在這個個案中,武鳴壯語﹛GO﹜的語法化程度明顯比漢語方言的高。具體來説,壯語的動相補語[po:i¹]已經進一步語法化爲完整體標記,而這種情況還没在南寧粤語和賓陽平話中出現。據(56),完整體標記處於語法化路徑的最後階段。另一方面,武鳴壯語的﹛GO﹜在充當動相補語、完整體標記、程度事態助詞、使令事態助詞這些語法標記時都有語音弱化的傾向。它既可唸[po:i¹],和當趨向動詞、趨向補語時一樣,但也可以唸[pi³]。[pi³]是[po:i¹]的弱化形式。兩者比較起來,[pi³]的韻母較短,聲調較高(唸 55 調)。南寧粤語和賓陽平話的﹛GO﹜無論是當動詞用,抑或是標示語法功能,讀音始終如一,没有弱化的痕跡。這進一步説明了壯語的﹛GO﹜經歷了較深刻的語法化。

第二點是語法範疇的分布範圍。Heine & Kuteva(2005：119)和吳福祥(2009b：202—203)都強調:通過接觸所産生的語法範疇在使用上往往受到限制,例如頻率較低或只能出現在特定的語境中。也就是説,假設遷移的方向爲 M＞R,涉及遷移的語法範疇,在 M 語的使用限制應該比 R 語小。這樣的情形的確發生在本個案中。根據第 2.6 節的描述,壯語程度事態助詞[po:i¹]出現的範圍相當廣,可以大量地出現在[VP－IDEO]格式(例 34)和比較句(例 35)之後。南寧粤語和賓陽平話雖然都有[VP－IDEO],其比較句的結構也跟壯語的相彷彿,但它們都不容許程度事態助詞﹛GO﹜出現在這些格式的後頭。以上種種,都確認了第二次接觸的遷移方向。

根據移民史,説平話的族群遷入廣西的時間要比説邕潯片粤語的要早得多(參考洪波 2004)。或者有人會認爲,邕潯片粤語

{GO}的多功能性是間接從平話遷移過去的，即：壯語＞平話＞邕
潯片粵語，不是直接來源於壯語。這也許是事實，但從純粹語言
學的分析來看，似乎並不支持這個觀點。賓陽平話和南寧粵語
{GO}的功能没有明顯的差别，出現的環境也没什麼不同。① 因
此，我們主張賓陽平話和南寧粵語 {GO} 的個别語法功能都是從
壯語遷移過去的，即：壯語＞賓陽平話；壯語＞南寧粵語。

　　在第二次接觸中，賓陽平話和南寧粵語的前身把壯語 {GO}
的部分語法功能（程度事態助詞、使令事態助詞和動相補語的部
分功能）遷移到自己身上，屬於"接觸引發的語法化"現象。"接觸
引發的語法化"和一般語法化唯一不同之處，是前者是由語言接
觸引起的，而後者則是語言内部獨立發生的。語法化的普遍原則
（如"單向性"）也適用於"接觸引發的語法化"上。根據模式語有
没有提供可被複製的"語源＞結果"這種語法化過程模式，"接觸
引發的語法化"可以進一步區分爲"通常接觸引發的語法化"和
"複製語法化"兩類（關於它們的區别，參見 Heine & Kuteva
2005；吴福祥 2009b）。本個案顯然屬於"複製語法化"的例子，因
爲其中的過程牽涉到整條語法化路徑的"複製"。事實上，南寧粵
語動詞前表情態的"得"以及動詞後表方式的"攞"，都已經被證實
爲"複製語法化"的例子（分别見本書第 5 章及第 4 章）。

　　這裏還要提一下作爲"花費"義動詞的 {GO}。如前所述，
{GO}的"花費"義來源於"去除"義。這個語義演變應該首先在壯
語發生，然後通過語言接觸擴散到南寧粵語和賓陽平話。之所以
這樣說，是因爲以 {GO} 表"花費"義的現象可以在其他壯語方言

①如果桂南平話是 M，南寧粵語是 R，那我們預期桂南平話 {GO} 的功能會
　比南寧粵語的豐富。

中找到,但漢語方言卻看不到類似的例子。例(78)和(79)是靖西壯語的例句:

(78)靖西壯語:tuk⁸　　ta³jɔ:²　pəi¹ne:u²　pai¹fa:n¹　　man¹
　　　　　　　讀　　大學　年 1　　GO 10,000　CLF
　　　　　　　ŋan²
　　　　　　　錢
　　　　　　　"讀大學一年花一萬塊錢。"(覃東生 2012:145)

(79)靖西壯語:ɬəi⁴　kuŋ²　ɬi⁴　　kəi³pai¹pa:k⁷　man¹　ŋan²
　　　　　　　買　　CLF　衣服　這 GO 100　　CLF　錢
　　　　　　　"買這件衣服花了一百塊錢。"(覃東生 2012:145)

如果我們的判斷準確,那麼南寧粵語和賓陽平話以｛GO｝表"花費",是跟壯語接觸後"詞彙複製"的結果。

　　(80)概括了｛GO｝在本章討論過的幾種語言裏的語義和語法功能。我們不難通過比較當中的異同,確認｛GO｝的多功能性在南寧地區語言中的遷移方向:

(80)｛GO｝在不同語言中的語義和語法功能

	NY	BP	WZ	GY	SC	JZ
趨向動詞	√	√	√	√	√	√
去除義動詞	×	×	×	√	[√]	×
花費義動詞	√	√	√	×	×	√
趨向補語	√	√	√	√	√	√
動相補語	√	√	√	[√]	[√]	√
目標格介詞	√	√	√	√	×	√

	NY	BP	WZ	GY	SC	JZ
程度事態助詞	√	√	√	×	×	√
使令事態助詞	√	√	√	×	×	√
傀儡可能補語	[√]	×	[√]	[√]	[√]	[√]
完整體標記	×	×	√	×	×	×

"NY"=南寧粵語;"BP"=賓陽平話;"WZ"=武鳴壯語;"GY"=廣州粵語;"SC"=標準漢語;"JZ"=靖西壯語;"√"代表出現;"×"代表不出現;"[√]"代表少量存在。

　　總括而言,通過第二次接觸,南寧粵語和賓陽平話從壯語那裏爲它們的{GO}遷移了"花費"這個義位(詞彙複製)、動相補語的部分功能、程度事態助詞以及使令事態助詞的全部功能(接觸引發的語法化)。

5. 總結

　　本章的貢獻可以歸納爲下述三點:

　　(一)對南寧地區三種語言{GO}的多功能性進行了詳細的描述,給出了大量例句,若干程度上補充了謝建猷(1994)和歐陽覺亞(1995)等前輩學者論述的不足。

　　(二)擬構了{GO}的語法化路徑,並説明了有關的機制及出現語法化的環境。筆者指出:在南寧地區的三種語言中,{GO}的語法化路徑之所以特別複雜,是由於{GO}在實詞的層面上已經包含了三個義位,而每一個義位又有不完全一樣的語法化路徑。此外,在討論的過程中,我們提出了兩條較罕見的語法化路徑,即:"趨向動詞>程度事態助詞"和"動相補語>使令事態助詞"。

這兩條路徑都不見於 Heine & Kuteva(2002)的詞庫中,即使是研究漢語的學者也鮮有論及。其中"趨向動詞＞程度事態助詞"源於連動結構的重新分析,可以和漢語史上不少助詞的形成相比較。

(三)指出了語法化的背後牽涉到兩次語言接觸。第一次接觸,在早期漢語的影響下,早期壯語的〈GO〉(*pəi)增加了"去除"這一義位;第二次接觸,在壯語的影響下,南寧粵語和賓陽平話的祖語的〈GO〉增加了"花費"這一義位,又發展出動相補語的部分功能,以及程度事態助詞和使令事態助詞等新的語法功能,既涉及"詞彙複製"亦涉及"語法複製"。這裏需要進一步指出:〈GO〉的多功能性,和[V－O－R]語序、表程度加劇的"多"義語素、表動作方式的"執持"義語素、表情態的"得"義語素,以及狀貌詞後綴一樣,都是可以把南寧地區定義爲一個語言區域的重要特徵(見本書第1章)。

通過考察南寧地區語言〈GO〉多功能性的形成過程,我們知道:語法演變的內部機制和外部機制並不是獨立運作的。相反,它們能互相作用,比如外部機制會爲內部機制製造條件等等。這對於研究語法演變的學者來説應該是一個重要的啟示。

第七章 結 語

　　過去一段時間,學界普遍認爲漢語方言的主要差異在語音和詞彙方面,語法的分歧並不明顯,甚至稱得上"一致"。趙元任的名著《漢語口語語法》(2010[1968]:13)就寫道:

　　　　在所有漢語方言之間最大程度的一致性是在語法方面。我們可以說,除了某些小差別,例如在吳語方言和廣州方言中把間接賓語放在直接賓語後邊(官話方言裏次序相反),某些南方方言否定式可能補語的詞序稍微不同,等等之外,漢語語法實際上是一致的。①

在衆多的漢語方言之中,粤語常常被認爲最具"向心"特點的方言(李如龍 2001[2000]:228),各種次方言都向廣州粤語靠攏。② 綜合上述意見,我們預期粤語各種方言的語法系統應該相去不遠。③ 可是,本書第二至第六章已經説明了這不是事實。

---

①儘管趙元任這樣説,但他實際上可説是漢語方言語法研究的開創者。他對北京話、蘇州話、常州話助詞的比較研究(趙元任 1926)仍被視爲這個領域的經典之作。

②根據李如龍(2001[2000]:228)的説法,"向心型方言"內部差異較小,有高威信的代表點方言,並對區內方言發揮較大影響力。

③在 21 世紀以前,幾乎没有人對廣州話以外的粤語方言的語法做過系統性分析。這或多或少和一直以來"粤語是向心型方言"的想法有關。

　　南寧粵語屬邕潯片粵語。從移民史的角度看,邕潯片粵語和廣州粵語所屬的廣府片粵語具有非常親密的發生學關係,分離的時間可能不超過 200 年(參看第一章)。即便如此,南寧粵語仍然擁有相當多不見於廣州粵語和早期粵語的語法結構,例如[V－O－R]語序(第二章)、主要謂語之後可加上來源於"執持"義語素的方式助詞(第四章)、主要謂語之後可加上由"去"義語素語法化而來的動相補語、程度事態助詞和使令事態助詞(第六章)等。這些結構都是隨著南寧粵語的形成而產生的。

　　語言之所以變化,既可由内部動力驅使,也可以歸因於外部影響。Dixon(1997:9－10)曾指出:若一種語言經常跟周邊語言發生接觸,在適當的條件配合下(如雙語人的比例、對外語的態度等),演變速度會比較快。邕潯片粵語的使用者主要分布在廣西中南部和西部的城市中。城市的外圍大部分都屬於壯語區。在這個認識的基礎上,我們根據 Thomason(2001)等提出的"轉用引發的干擾"理論,擬構了邕潯片粵語形成的過程,指出壯族人的語言轉用是導致邕潯片和廣府片分家的主因。壯語的語言成分也因轉用而大量遷移到壯族人的目標語——邕潯片粵語——中(參考第一章)。南寧粵語那些特殊語法特徵的來源及其形成過程,可以通過語言接觸的視角,得到較圓滿的解釋。

　　南寧粵語[V－O－R]、[V－R－O]兩種語序並存。[V－R－O]是漢語常用的語序,來源明確。而[V－O－R]的來歷,是本書第二章考察的重點。我們首先注意到:除南寧粵語外,桂南平話、邁話和海南閩語也都用[V－O－R]語序。它們和南寧粵語均受過壯侗語言的強烈影響,而[V－O－R]本身是壯侗語言的優勢語序。在這情況下,語言接觸便成爲了最合理的解釋。我們推測:南寧地區的壯族人在進行語言轉用時,把[V－O－R]這種格式遷移到南寧粤語中去。[V－O－R]儘管看起來和中古漢語的"隔開式"相似,但兩者應該沒有任何牽連。

　　第三章討論的是南寧粤語的狀貌詞,它在類型、功能等方面都比廣州粤語的豐富。在南寧粤語中,同一個形容詞或動詞(詞根),後頭可以搭配四到五個讀音有一定關聯的狀貌詞,而那些狀貌詞更可通過韻母元音開口度的大小,表示不同意思,體現出"語音象徵性"。至於對詞根的要求,南寧粤語的狀貌詞容許出現在動詞和述賓短語之後,這跟廣州粤語的狀貌詞基本上只能搭配形容詞有所不同。此外,南寧粤語還有兩個高頻狀貌詞。拿南寧粤語跟壯語、侗語作比較,我們認爲語言接觸是激活南寧粤語狀貌詞的主因。這個個案最有意思的地方,是大部分新形成的狀貌詞都是用南寧粤語自身的語言資源塑造的,不涉及借詞。語言接觸只是啓動南寧粤語内部演變機制的鑰匙而已。

　　第四、五、六章觀察的對象都是多功能語素。多功能語素的複製在語言接觸頻繁的地區中經常出現。

　　在第四章裏,我們詳細分析了南寧粤語及其他廣西漢語中方式助詞的來源。上述方言的方式助詞皆由"執持"義動詞經工具介詞語法化而成,出現在光桿動詞或述賓短語之後,表示動作完成所借助的方式或手段。漢語方言的方式助詞高度集中在廣西地區,在其他地區十分罕見。另一方面,壯侗語言的方式助詞卻非常活躍,分布在不同語支中,語法化程度也比漢語方言的高。在考慮過環境、語言接觸史等因素後,我們相信"執持"義動詞的多功能性(兼作工具介詞和方式助詞)是由壯語"遷移"到漢語方言的。具體的遷移方式是"複製語法化"。前人已經懷疑過南寧粤語的方式助詞源於壯侗語,但沒給出具體的證據。本書對此作出了補充。

　　"得"在南寧粵語中是一個多功能語素，既可以做"獲取"義動詞，也可以出現在動詞前面或後面，表示各種與情態相關的功能。第五章旨在考察南寧粵語動詞前置成分"得"的功能及其形成過程。功能方面，前置"得"可以表達"先事結果"、道義情態、寬鬆"過去時"及充當被動標記。這些功能只零散的出現在現代廣府片粵語和早期粵語中，並不能產。知道了這事實後，我們便嘗試從語言接觸的角度尋找南寧粵語前置"得"的成因。正好壯侗語言有一個多功能成分，在句法和語義上都相當於"得"。接下來我們論證了南寧粵語前置"得"的"復元"和南寧粵語跟壯侗語接觸的關係，並確認"復元"機制為"類別擴展"。

　　第六章聚焦於南寧地區三種語言（南寧粵語、賓陽平話和武鳴壯語）的"去"義語素。該章前半部揭示那些語言"去"義語素的詞彙功能和語法功能，包括典型的趨向動詞、趨向補語、動相補語、程度事態助詞和使令事態助詞等，並重構其語法化路徑。我們認為，"去"義語素在充當實詞時已經包含兩三個義位，而那些義位又採取了不完全相同的語法化方向，"去"義語素的語法化路徑也因此特別複雜；文章後半部指出三種語言之所以有高度平行的語法化路徑，是語言接觸的結果。具體來説，那是"複製語法化"的例子。在接觸的過程中，壯語是模式語，粵語和平話是複製語。

　　以上，我們剖析了南寧粵語五個語法特徵，並從語言接觸的角度檢視了它們形成或強化的歷程。正如前幾章所説，那些特徵並不局限在南寧粵語和壯語之中。若把它們的地理分布標示出來，便可知道覆蓋範圍到底有多大。我們對［V－O－R］語序和多功能"執持"義語素的分布較有掌握，圖 1 繪製了這兩個特徵的同

言綫（isogloss）：①

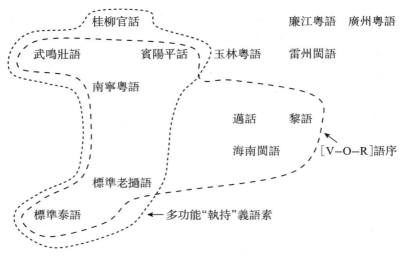

圖1：[V－O－R]語序和多功能"執持"義語素的同言綫

兩條同言綫並不完全重疊，但南寧粤語、賓陽平話、武鳴壯語、標準老撾語和標準泰語都在區域內。南寧顯然是這個區域的核心，因爲賓陽和武鳴都由南寧市管轄。單單一個南寧市，已經涵蓋了粤語、桂南平話、官話、壯語幾種語言（參考第一章）。有一點需要説明：玉林雖然屬粤語區，又在廣西境内，但它並沒有南寧粤語那幾項特徵。看來廣西東南部（勾漏片粤語所在之地）並不在本書

---

① 圖1顯示了各種語言所在的相對位置，但它並不是嚴格意義的地圖。這裏參考了 Haspelmath（2001）的做法。

所討論的語言區域之中。①

　　最後,讓我們概括一下全書的貢獻,主要有兩方面:

　　(一)漢語方言學:以往學者多從歷史音韻的觀點考察南寧粵語在粵語區中的位置(Yue-Hashimoto 1988;麥耘 2009,2010等),認爲南寧粵語所屬的邕潯片和廣州粵語所屬的廣府片有較接近的關係。這種考察無疑重要,但容易使人產生誤解,以爲兩種方言的語法也跟它們的音系一樣,相距不遠。本書清楚地指出:南寧粵語的語法和廣州粵語的實際上有相當明顯的差異。"差異"是經過比較之後得出的結論,而"比較"正是本書提倡的核心方法。在討論的過程中,我們不單留意南寧粵語,同時也探討過廣州粵語、桂南平話和各種壯侗語言,並互相比較。這點跟林亦、覃鳳余(2008)等純粹描寫南寧粵語語法的著作有所不同。南寧粵語相關語法特徵的形成,以及南寧粵語本身的發展,經過本書的介紹後,可能顯得更具體一些。

　　(二)接觸語言學:西方的語言接觸研究在過去二十年有了迅速的發展,出版了 Thomason(2001)、Winford(2003)、Heine & Kuteva(2005)、Matras(2009)等一系列具影響力的專著。上述專書觸及的語言並不少,偏偏就缺乏漢語方言的例子,令人不無遺憾;差不多同一時間,國內學者也意識到中國境內的語言是研究

────────────

① 有些學者嘗試把南寧地區置於一個更大的語言區域中,像 de Sousa (2015a)視整個中國東南部爲東南亞大陸語言區域的一部分;Chappell (2017)提及的語言區域個案則有廣西一例。他們的做法跟本書的主張並沒有矛盾,因爲一個大的語言區域容許劃分爲若干小區域,參看黃陽、吳福祥(Huang & Wu 2018:129)對廣西中南部"語法化區域"和東南亞大陸語言區域的區分。南寧語言區域的成員,一方面擁有區內獨有的特徵,另一方面也帶大區域的色彩。

語言接觸的寶庫，嘗試運用西方理論闡釋相關現象，獲得了一定成果。比較可惜的是那些研究大部分都以單篇論文形式發表，專書（尤其是從接觸的角度討論方言語法的專書）並不多見。本書對南寧粵語語料的分析也許還未能提升至理論層面的高度，但已經邁出了重要的一步。希望後人能在此書的基礎上，進一步發掘廣西語言中和語言接觸有關的現象。

附論一　粵語"陽入對轉"
同源異形詞的底層來源

1. 引言

　　漢語南方方言有一批詞,通常以兩個爲一組,語義相同或相近,一個收鼻音韻尾(傳統音韻學稱之爲"陽聲韻"),另一個收同部位的塞音韻尾("入聲韻"),讀音的其他部分基本相同。我們根據龔煌城(2003)的意見,把這些詞稱"'陽入對轉'同源異形詞"。①

　　粵語的"陽入對轉"同源異形詞特別豐富。就廣州話而言,相關的例子估計超過50組,涉及三種韻尾(m:p,n:t,ŋ:k)的轉換。②鄒嘉彥(Tsou 1979)、張雙慶、李如龍(1992)、黄谷甘(1993)、李新

---

①上古漢語也有這種"陽入對轉"同源異形詞。最有名的一對,是《説文》、《方言》皆有記録的"迎"和"逆"。《説文・辵部》:"逆,迎也……關東曰'逆',關西曰'迎'。"龔煌城(2003:199)把"迎"的上古音擬構爲ˀngrang,把"逆"的上古音擬構爲ˀngrjak。它們的主要分別在於韻尾方面:前者是軟顎鼻音。後者是軟顎塞音。個別藏緬語到了現代仍然有"陽入對轉"的痕跡,例如獨龍語。

②我們把鄒嘉彥(Tsou 1979)、張雙慶、李如龍(1992)、黄谷甘(1993)、李新魁等(1995)和 Bauer & Benedict(1997)提及的例子都輸入電腦,把重複和可疑的都删掉,再加上幾個我們發現的例子,最後得出 54 組。

魁等(1995)和 Bauer & Benedict(1997)諸先生曾經先後爲文探討
這個問題。總括來説,他們關注的地方主要有下面幾個:(一)同
源異形詞的來源:上述學者大都相信同源異形詞可以在古漢語裏
找到源頭。例如張雙慶、李如龍(1992:124)指出,鼻音韻尾的
[tɐm⁵](垂下來[白宛如 1998:288])就是《廣韻》唸"丁紺切"的
"忱":"冠俯前也"。至於塞音韻尾的[tɐp⁷ᵃ](垂下[白宛如 1998:
427]),就是《集韻》"德合切"的"䫳"[tɐp⁷ᵃ],解作"大垂耳貌";
(二)同源異形詞的性質:鄒嘉彦(Tsou 1979)是"派生"(deriva-
tion)説的倡導者。他認爲鼻音韻尾的狀態動詞(stative verb)可
以通過轉換爲相應的塞音韻尾而變成使役動詞(causative verb)。
張雙慶、李如龍(1992)和李新魁等(1995)都認同"陽入對轉"是派
生新詞的途徑。但對於異形詞之間的詞義關係,他們的解説則不
及鄒先生詳細。

　　本文認爲,粵語的"陽入對轉"同源異形詞是多來源的。部分
例子的確可以追溯至古漢語,部分可能是語言内部派生而來的。
但除此之外,也有相當數量的同源異形詞根本没有"本字"可寫。
考慮到地理上分佈,我們思疑這些詞來自於少數民族語言的"底
層",這也是本文的核心主張。文章第 2 節會詳細交代同源異形
詞在壯侗語系語言和苗瑶語系語言裏的表現。第 3 節集中講述
粵語怎樣從少數民族語言中"吸收"這些同源異形詞。"吸收"的
過程和年代,都是研究的重點。第 4 節是結論。本文的討論並不
局限於廣州話,我們也會舉出廉江話(高陽片)和南寧話(邕潯片)
的例子。①

----

① 粵語的分片,主要依據《中國語言地圖集》(1987)的做法。廉江話和南寧
　話的原始材料,由我們的合作人提供,再經筆者的驗證。

2. 壯侗語和苗瑶語的 "陽入對轉"同源異形詞

　　無論是李方桂(Li 1977a)擬構的原始台語,抑或是王輔世、毛宗武(1995)擬構的原始苗瑶語,都沒有那種可以和粵語相比的"陽入對轉"同源異形詞。可是在中國境內各種現代壯侗語和苗瑶語方言裏,我們卻找到一定數量相關的例子。① 就觀察的角度而言,壯侗語和苗瑶語的同源異形詞可以分爲兩類:(一)在一個方言裏,甲詞和乙詞的意義相關。甲詞唸鼻音韻尾,乙詞唸同部位的塞音韻尾,兩詞讀音的其他部分基本相同。換言之,僅從一個方言內部作比較,就已經可以知道"陽入對轉"的消息。第 1 節談到廣州話的情況,基本上也是採用這種做法;(二)同一個詞,在甲方言唸鼻音韻尾,在乙方言卻唸相應的塞音韻尾。不妨説,那個詞在兩種方言之間的對應關係,正是"陽入對轉"。這種方法強調從跨方言比較的角度作觀察。表 1 是第一類例子。②

---

① Bauer & Benedict(1997:439-440)收錄了三組在曼谷泰語中找到的"陽入對轉"同源異形詞,可以和我們的詞表互參。

② 本文所援引的少數民族語料(包括壯語、布依語、傣語、侗語、水語、毛難語、仫佬語、臨高語和瑶語),採自以下專著:歐陽覺亞、鄭貽青(1983)、中央民族學院(1987)、王均等(1984)、中央民族學院(1995)、梁敏、張均如(1997)、毛宗武(2004)、李方桂(2005a[1940],2005b[1956])、班弨(2006)。需要注意,即使是同一種語言(例如武鳴壯語),諸家在音系的處理上經常會有細微的不同。引用時,我們只會忠於文獻的記録,而不強求音系的統一。

表1:壯侗語和苗瑶語的"陽入對轉"同源異形詞(內部比較)

編號	詞義	語言	讀音
(1)	"搓"(～繩子)	通什黎語	$p^ham^1 \sim p^hat^7$
(2)	"抱"(～小孩)	保定黎語	$om^3 \sim op^7$
(3a)	"抬"◇"挑"	武鳴壯語	$\gamma a{:}m^1 \diamondsuit \gamma a{:}p^7$
(3b)	"抬"◇"挑"	龍里布依	$za{:}m^1 \diamondsuit za{:}p^7$
(3c)	"抬"◇"挑"	德宏傣語	$ha{:}m^1 \diamondsuit ha{:}p^9$
(3d)	"抬"◇"挑"	通什黎語	$ts^ha{:}m^1 \diamondsuit ts^ha{:}p^7$
(3e)	"抬"◇"挑"	臨城臨高	$ham^1 \diamondsuit hap^7$
(4)	"貼"(～標語)	環江毛難	$njem^1 \sim t^hjep^7$
(5a)	"陰"◇"暗"(房子很～)	羅城仫佬	$lam^3 \diamondsuit lap^7$
(5b)	"陰"	保定黎語	$kom^3 \sim kop^7$
(6a)	"(頭髮)脫落"◇"(牙齒)脫落"	江底瑶語	$dun^5 \diamondsuit dut^7$
(6b)	"(蛇)脫(皮)"◇"脫(鞋)"	梁子瑶語	$tun^{5'} \diamondsuit tut^{7'b}$

[注]"◇"表示兩詞詞義相關,"～"則代表左右雙方是變體關係。

　　由於篩選"陽入對轉"的程序十分複雜,掛一漏萬,在所難免,所以上表可能只反映了真相的一小部分。歸納起來,這些例子有以下特點。從它們在各語言中的分佈來説,黎語的"陽入對轉"比其他語言要豐富。從轉換的形式來看,雙唇鼻音/塞音的組合比較多。需要説明的是,個別例子同時可以在幾種語言裏找到,如(3)"抬◇挑"兩詞之間的"陽入對轉"就廣泛地分佈在壯語、布依語、傣語、黎語和臨高語中。這種平行的現象,有力地説明了"陽

入對轉"不是偶然造成的。接著看第二類例子:

表 2:壯侗語和苗瑶語的"陽入對轉"同源異形詞(跨語言比較)

編號	詞義	比較語言	讀音
(7)	"蚊帳"	榕江侗語、德宏傣語	sun³' ◇ sut⁷
(8)	"錘子"	龍里布依、版納傣語	va:n⁴taŋ⁴ ◇ xɔn⁴tɔk⁹
(9)	"拍"(~桌子)	通什黎語、龍州壯語	pʰa:ŋ⁵ ◇ pʰa:k⁷
(10)	"踩"	版納傣語、德宏傣語	jɛm⁶ ◇ jep⁹
(11)	"跨"(~一步)	望謨布依、榕江侗語	ʔja:m⁵ ◇ ja:p⁹
(12)	"鑽"(~進洞裏)	保定黎語、通什黎語	tsʰun³ ◇ łu:t⁷
(13)	"簸"(~米)	羅城仫佬、德宏傣語	fan⁵ ◇ fat⁷
(14a)	"洞"	東山瑶語、江底瑶語	kʰwan⁷ ◇ kʰot⁷
(14b)	"屁股"	東山瑶語、江底瑶語	kɔ⁴kʰwan⁷ ◇ gai³kʰot⁷
(15)	"冬瓜"	梁子瑶語、灘散瑶語	ɖam²bu³' ◇ ɖap⁸bu³'
(16)	"鼻涕"	東山瑶語、長坪瑶語	blun⁸ ◇ blut⁸
(17)	"舌頭"	東山瑶語、江底瑶語	blin⁸ ◇ bjet⁸
(18)	"夾衣"	羅香瑶語、防海瑶語	gui¹gɔm⁴ ◇ gu:i¹ka:p⁷
(19)	"碓杵"	東山瑶語、長坪瑶語	kwan⁷ ◇ gwət⁸
(20)	"織"(~布)	東山瑶語、江底瑶語	dan⁷ ◇ dat⁷
(21)	"驚跳"	長坪瑶語、羅香瑶語	ȵaŋ⁴ ◇ ȵak⁷
(22)	"滑"(路~)	東山瑶語、梁子瑶語	gwan⁸ ◇ gɔ:t⁸ᵃ
(23)	"十七"	東山瑶語、江底瑶語	tɕi⁸tsʰan⁷ ◇ tsjop⁸tsʰjet⁷
(24)	"十八"	東山瑶語、江底瑶語	tɕi⁸pən⁷ ◇ tsjop⁸pet⁷

表格中有(7)"蚊帳"、(8)"錘子"這些近代才出現的詞,甚至有(23)"十七"、(24)"十八"等漢語借詞,表示個别"陽入對轉"發生的年代應該不會很久遠。跟表 1 一樣,表 2 的詞也没有反映任

何和構詞有關的痕跡。

　　傣語的武定話、綠春話、侗語的李樹話以及瑤語的東山話都有原塞音韻尾的詞變爲鼻音韻尾的現象。據羅美珍(1984:24)的報導,"武定話來源於第 8 調(即陽入短元音)的字,塞音韻尾變爲-ŋ",而"綠春話長或短元音後面的塞音尾,一部分人變讀爲-ŋ"。試比較一下武定話、綠春話、西雙版納話和傣文的韻尾:

表 3:傣語的"陽入對轉"(跨語言比較,據羅美珍 1984)

編號	詞義	傣文	西雙版納	武定	綠春
(25)	"愛"	$^*rak^8$	hak^8	$haŋ^{4,8}$	——
(26)	"起來"	$^*luk^8$	luk^8	$luŋ^{4,8}$	——
(27)	"鳥"	$^*nok^8$	nok^8	$noŋ^{4,8}$	——
(28)	"指甲"	$^*lep^8$	lep^8	$liŋ^{4,8}$	——
(29)	"螞蟻"	$^*mot^8$	mot^8	$meŋ^{4,8}$	——
(30)	"嘴"	$^*sop^7$	sop^7	——	$suɛŋ^{3,7}$
(31)	"菜"	$^*p^hak^7$	p^hak^7	——	$p^haŋ^{3,7}$
(32)	"魚鱗"	——	ket^7	——	$kiŋ^{3,7}$

　　武定話的音變可以用以下規則加以概括:{-p,-t,-k}→-ŋ/＿第八調。綠春話方面,原-p、-t、-k 韻尾的詞,在部分人的口中演變-ŋ。有些人甚至在-ŋ 的基礎上把韻尾的部分讀爲元音性的-ɤ。至於侗語李樹話的-p,-t →-n,則是一個剛完成不久的演變。請看表 4。

表 4：侗語的"陽入對轉"（跨語言比較，據黃勇 1995）

編號	詞義	章魯	中寨（1950 年代）	李樹（1990 年代）
（33）	"捉"	sap^7	səp^7	sən^5
（34）	"十"	çəp^8	çəp^8	çən^5
（35）	"追"	səp^8	səp^8	sən^6
（36）	"尾巴"	sət^7	ɣət^7	zen^5
（37）	"七"	sət$^{7'}$	tsʰət$^{7'}$	tsʰen^5

音變的規則可以概括爲：{-p,-t}→n/ə＿＃。根據黃勇（1995：53）的描述，中寨和李樹是兩個接壤的鄉，它們的侗語沒有太大的差別。換言之，音變應該是 1950 年代到 1990 年代這四十年之間發生的。

表 2 涉及瑤語東山話的例子好像特別多。毛宗武（2004：116）指出，瑤語東山話"有一部分 8 調字塞音韻尾脫落後以-n 或-ʔ補償"。配合上述壯侗語的例子，筆者把毛先生所説的"補償"理解爲輔音韻尾的轉換。表 5 以東山話和輔音韻尾比較保守的江底話作比較，從中可以看到東山話演變的方向。

表 5：瑤語的"陽入對轉"（跨語言比較，據毛宗武 2004）

編號	詞義	江底	東山
（38）	"咬"	tap^8	tʰan^8
（39）	"豆子"	top^8	tʰən^8
（40）	"十"	tsjop^8	tʰan^8

除了這三個例子外，表 2 的（16）"鼻涕"、（17）"舌頭"、（19）"碓杵"、（20）"織"、（23）"十七"、（24）"十八"等詞都表現出東山話把塞音韻尾的詞讀成齒齦鼻音韻尾的傾向。

武定話、綠春話、李樹話和東山話的例子告訴了我們幾個語言事實:第一,"陽入對轉"應該有一定的時間跨度。某些語言可能很久以前就已經發生了相關的演變,但也有些語言的音變還在進行中;第二,以塞音演變爲鼻音爲常態。經過演變後形成的鼻音韻尾,不一定跟原來的塞音韻尾屬同一個部位(參看例 28、29、30、32);第三,"陽入對轉"似乎純粹是在語音的層面上發生的,跟構詞没有直接關係;第四,語言内部"陽入對轉"的現象(即表 1 所收録的詞),可以理解爲一個正在進行中的音變,①也可以視爲語言接觸的結果——其中一個形式是本土的,另一個形式是從鄰近語言中借入的。

在福建西北部的一些贛語方言裏,原-p 韻尾的字在某些條件下演變爲-m 或-n 尾。以光澤話和邵武話爲例(見表 6):

表 6:贛語光澤話和邵武話的"陽入對轉"(據李如龍 2005)

編號	字音	光澤	邵武
(41)	答	tam⁷	tan⁷
(42)	納	nom⁸	non⁶
(43)	法	fam⁷	fan⁷
(44)	十	çim⁸	çin⁶

李如龍(2005:11)把上述的"鼻尾化"聯繫到剛才談過的傣語,認爲這種現象是由底層造成的。如果李説可以成立,那就代表早期壯侗語的勢力並不局限於廣西、貴州等西南地區,中國的東南部也曾經受到它廣泛而深入的影響。

---

① 即同一個詞有塞音韻尾和鼻音韻尾兩個變體(variants)。

3. 粵語的"陽入對轉"同源異形詞和
壯侗語、苗瑤語的關係

依循上述的思路，我們推想：粵語中那些没有明確的漢語來源的"陽入對轉"同源異形詞，部分可能牽涉到語言底層的問題。本文接下來會把在粵語中找到的 54 對"陽入對轉"組合逐條跟壯侗語和苗瑤語中相關的詞作對比。配對時，會集中注意雙方在讀音和語義方面的相似性。① 以下根據韻尾-m、-n、-ŋ 這個順序把例子羅列出來。編號後面給出的，是粵語的方言字。"（）"内的讀音是該詞的語義。②

(45)"扰"（用拳頭捶打）：③廣州 tɐm³｜廉江 tɐm³｜南寧 tɐm³

　　　"搭"（用拳頭捶打）：廣州 tɐp⁸｜廉江 tɐp⁸｜南寧 tɐp⁸

　　　－（用拳頭打）：田東壯語 tam¹｜凌樂壯語 tam¹～θum⁴

---

① 李錦芳（1990）曾經拿粵語的底層詞跟李方桂（Li 1977a）擬構的原始台語作比較。這個方法看起來很吸引。問題是我們不知道那些詞語成爲粵語底層詞的年代跟原始壯侗語的年代有多遠。郭必之（2007：376）便曾經指出："儘管不少底層詞是幾種方言共有的，但彼此的語音對應並不很嚴謹。這是由於方言形成的時間、地域都不一樣，而提供底層詞的那種原住民族語言本身也有方言差。"我們的做法，是拿現代粵語的形式跟現代壯侗語、苗瑤語的形式作直接的比較。

② 在廣西的賀州話（勾漏片粵語）裏，不少涉及"陽入對轉"的詞已經確定是來源於壯語和瑤語的底層，如表"敷（～藥）"的[ɔp⁷ᵃ]、表"捶打"的[tɔp⁸]、表"爛熟"的[nɔm²]、表"嘮叨"的[ŋɔm⁵]、表"摟（抱）"的[lɔp⁷ᵃ]和表"提、拿"的[nɛn⁵]～[nɛŋ⁵]等，參看陳小燕（2007：252－267）。它們全部都見於我們的詞條裏。注意陳小燕所關心的只是這些詞的來源。她没有提到"陽入對轉"這個名目。

③ 粵語詞的釋義，主要參考李新魁等（1995）和白宛如（1998）。

　　—（打）田東壯語：tup^8｜凌樂壯語：$dɔ:p^7$

（46）"揼"（垂下來）：廣州 $tɐm^5$｜廉江 $tɐm^5$｜南寧 $tɐm^5$

　　　"耷"（垂下來）：廣州 $tɐp^{7a}$｜廉江 $tɐp^{7a}$｜南寧 $tɐp^{7a}$

　　—（低[～頭]）：望謨布依 tam^5｜榕江侗語 $ȶam^3$｜臨城臨高 dom^3

　　—（耷拉[～眼皮]）：長桐瑤語 $dɔ:p^7$

（47）"淰"（浸透貌）：廣州 $nɐm^6$｜廉江——｜南寧——

　　　"泅"（潮、濕）：廣州 $nɐp^8$｜廉江——｜南寧 ——

　　—（潮濕）：望謨布依 tum^2（濕[淋～了]）｜梁子瑤語 $nam^{3'}$

　　—（濕[淋～了]）：望謨布依 lup^7

（48）"腍"（煮得爛熟、軟）：廣州 $nɛm^2$｜廉江 $nɛm^2$｜南寧：$nɐm^2$

　　　"□"（很黏）：廣州 $nɐp^8$｜廉江——｜南寧 $nɐp^8$

　　—（煮爛、鬆垮）：武鳴壯語 nem^1（黏）｜邕寧壯語 nam^6

　　—（此詞壯侗語沒有唵塞音韻尾的形式）

（49）"吟"（喃喃、囉嗦）：廣州 $nɐm^2$｜廉江：$nɐm^2$｜南寧：$nɐm^2$

　　　"□"（胡謅）：廣州 $nɐp^{7a}$｜廉江 $nɐp^{7a}$｜南寧：$nɐp^{7a}$

　　—（唸誦）：龍州壯語 nam^5

　　—（吟、詠）：長桐瑤語：$ŋop^7$

（50）"攬"（擁抱）：廣州 lam^3｜廉江 lam^3｜南寧 lam^3

　　　"啢"（聚、斂）廣州 lap^8｜廉江 lap^8｜南寧 lap^8

　　—（?）（抱[～小孩]）：梁子瑤語 $kjam^3$｜大坪瑤語 $djam^1$

　　—（搜羅、搜刮）：武鳴壯語 $røp^7$（收聚）｜邕寧壯語 $la:p^7$

（51）"揞"（用手掩、蓋）：廣州 $ɛm^3$｜廉江 $ɛm^3$｜南寧 $ɛm^3$

　　　"罨"（漚、捂）：廣州 $ɐp^{7a}$｜廉江 $ɐp^{7a}$｜南寧 $ɐp^{7a}$

　　—（捂嘴）：武鳴壯語 $ʔom^5$｜望謨布依 $ʔɔm^5$（漚[～爛]）｜瓊山臨高 um^3

　　—（捂嘴）：武鳴壯語 $ʔa:p^7$～$ʔop^7$（敷[～藥]）｜臨城臨高 $ɔp^7$

(52)"濺"(濺開)：廣州 tʃʰin³｜廉江——｜南寧——

　　"𣸣"(擠壓液體使噴射)：廣州 tʃit⁷ᵃ｜廉江——｜南寧 tʃɛt⁷ᵃ

　　—(濺)：武鳴壯語 θin²｜欽州壯語：ɬin²

　　—(噴射)：扶綏壯語 tit⁷｜龍州壯語：dit⁷(濺)｜邕寧壯語：tɕit⁷

(53)"堅"(堅硬)：廣州 kin¹｜廉江 kin¹｜南寧：kin¹

　　"杰"([粥]很稠)：廣州 kit⁸｜廉江 kit⁸｜南寧 kit⁸

　　—(硬)：大新壯語 keːn⁶｜德保壯語 keːn⁵

　　—(稠)：大新壯語 kʰut⁸｜德保壯語：kut¹⁰｜梁子瑤語：kat⁸ᵇ

(54)"掀"(翻開)：廣州 kʰin³｜廉江：(hin¹)｜南寧：kʰin³

　　"揭"(翻開)：廣州：kʰit⁷ᵇ｜kʰiɛk⁷ᵇ(用東西揭)｜南寧：kʰit⁷ᵇ

　　—(揭開)：武鳴壯語 kɯən³｜上林壯語 kiːn³｜梁子瑤語 kwin³'

　　—(揭開)：貴港壯語 kwɯːt⁹｜連山壯語 kʰyːt⁹

(55)"研"(擀)：廣州 ŋan²｜廉江 ŋan²｜南寧 ŋan²

　　"囓"(夾傷)：廣州 ŋat⁸(研磨)｜廉江——｜南寧 ŋɛt⁸

　　—(碾[～米])：德宏傣語 nɛn²

　　—(碾[～米])：版納傣語 nit⁸

(56)"擰"(用手拿起)：廣州 neŋ¹｜廉江 neŋ¹｜南寧 neŋ¹

　　"搦"(用手拿起)：廣州 nek⁷ᵃ｜廉江 nek⁷ᵃ｜南寧 nek⁷ᵃ

　　—(提[～水])：江底瑤語 ŋeŋ⁵｜梁子瑤語 niŋ⁵'｜灘散瑤語 neːŋ⁵

　　—(此詞苗瑤語没有唸塞音韻尾的形式)

(57)"□"(小[細～～])：廣州——｜廉江——｜南寧 neŋ¹

　　"□"(小[細～～])：廣州——｜廉江——｜南寧：nek⁷ᵃ

　　—(小)：廣南壯語 nɛːŋ⁶｜連山壯語 niŋ⁵｜龍勝壯語 niŋ⁵

　　—(小)：欽州壯語 nit⁹｜德保壯語 leːk⁸｜臨城臨高 nɔk⁸

(58)"□"(抖動[擻～～])：廣州——｜廉江——｜南寧 ɬek⁸

　　"□"(抖動[擻～～])：廣州——｜廉江——｜南寧 ɬeŋ³

　　—（發抖）：武鳴壯語 θan² | 龍州壯語 ɬan² | 版納傣語 sen⁵ săi¹

　　—（此詞壯侗語沒有唸塞音韻尾的形式）

(59)“拍”（以器杖驅趕）：廣州 pʰak⁷ᵇ | 廉江 pʰak⁷ᵇ | 南寧：pʰak⁷ᵇ

　　　“□”（以器驅趕）：廣州 pʰaŋ³ | 廉江—— | 南寧——

　　—（拍［桌子］）：保城黎語 pʰiak⁷

　　—（拍［桌子］）：保定黎語 pʰaːŋ⁵ | 德宏傣語 faːŋ³

(60)“捚”（晃動、甩動）：廣州：feŋ⁵ | 廉江 feŋ⁵ | 南寧 feŋ⁵

　　　“□”（用手巾、手帕類使勁揮動）：廣州 fek⁷ᵇ | 廉江 fek⁷ᵇ | 南寧
　　　　fek⁷ᵇ

　　—（揮動、扔掉）：望謨布依 veŋ⁶ | 塹對黎語 ven² | 臨城臨高 feŋ²

　　—（揮動、扔掉）：望謨布依 vit⁸ | 元門黎語 vet⁸ | 瓊山臨高 vet⁸’

　　以上列出了 16 組相信是來源於底層的“陽入對轉”同源異形詞。一方面它們在各種粵語方言中構成“陽入對轉”的關係，另一方面這些詞在原來的語言裏（壯侗語或苗瑤語）也往往有塞音韻尾和鼻音韻尾兩種讀法。（48）的“脸”、（56）的“撍”，以及（60）的“捚”和“□”［fek⁷ᵇ］，已經是廣爲人知的粵語底層詞（參考 Yue-Hashimoto 1991；鄧曉華 1999；潘悟雲 2005；郭必之 2007；陳小燕 2007等）。但（52）的“濺”、（53）的“堅”、（54）的“揭”和（59）的“拍”，明明是漢語詞，爲什麼我們卻認爲它們都來源於底層呢？這就要拉到底層詞形成的問題上了。

　　像今天的壯侗語和苗瑤語一樣，早期的壯侗語和苗瑤語的個別方言出現了“陽入對轉”現象。一些大部分方言唸塞音韻尾的詞，在某些方言中變爲鼻音韻尾（或者相反）。“陽入對轉”不單波及它們的本族詞，連借詞也不能避免地受到牽連。表 4 的侗語李樹話以及表 5 的瑤語東山話，就有不少平行的例子（參看例 34、

37、40)。(53)"堅"和"杰"這個組合是由鄒嘉彦(Tsou 1979:296)
提出的。我們相信:"堅"先從漢語借到壯侗語;後來壯侗語個别
方言的"堅"産生了"陽入對轉",使它由鼻音韻尾變成塞音韻尾,
詞義也有所分化。① 粵語在發展的過程中,把塞音韻尾那個變體
吸收過去,形成底層詞。用漢字寫出來,那就是"杰"了。許多留
意少數民族語言和漢語方言互動的學者都認爲"杰"是個底層詞,
例如李如龍(2005:1)和潘悟雲(2005:24)。可以説,粵語之所以
有"杰"這個詞,全因爲它的壯侗語底層。(59)"拍"和"□"[pʰaŋ³]
這一組在壯侗語中的對應顯得更强一點。在海南島的黎語裏,
"拍"這個詞因方言的差異有兩種形式:[pʰiak⁷]和[pʰaːŋ⁵]。前者
明顯是個漢語借詞,後者是在這個借詞的基礎上産生出來的。後
來鼻音韻尾的那個形式成爲了粵語的底層詞,結合漢語原有的
"拍",就成爲一個"陽入對轉"的組合了。

　　語言之間的接觸,一種是語言轉用,另一種是語言借用。語
言轉用是指弱勢語言的社群放棄自己的母語,改説周邊的强勢
語言。可是在轉用的過程中,説話者往往會擺脱不了第一語言
的影響,加上他們對第二語言(目標語言)的認識可能有不完善
的地方,所以最後形成的,只是一種帶混合性質的新語言,而不
是真正的目標語言(參考沈鍾偉 2007)。對於粵語的情況,李錦
芳(2000:63)就曾經明確表示:"粵方言的形成可能是通過廣州
附近的漢、越兩族人民長時期的操用漢越雙語後,越族人民放棄
母語轉用漢語而實現的,但是這時廣州一帶的漢語(唐宋時期)

---

①{稠}這個詞在早期壯侗語裏肯定是唸濁音聲母,譬如潘悟雲(2005)就把
　它擬構爲﹡giat。至於應該怎麽解釋清聲母的"堅"(硬)變成濁聲母的
　{稠}?是否涉及形態變化?暫時没有辦法回答。

已經融入了相當的百越語言成分，因而形成一支獨特的漢語方言。"他所指的"百越語言成分"，包括語音上的、語法上的，也有詞彙上的。

　　上面提到的 16 組"陽入對轉"同源異形詞，以動詞和形容詞爲主。以粵語爲母語的人，對這些詞大概不會感到太陌生。但如果説它們都是基本詞，又似乎有違語言事實。爲什麽底層詞會包括這些非基本但又不太陌生的詞語呢？潘悟雲（2004:310）提供了一個頗有説服力的答案。他説："讓我們想像一下古代百越人學習漢語的過程。人在學習另一種語言的時候往往有一種惰性，如果不妨礙交際，能不學的就不學。這些百越人學習漢語有兩類語詞是必須要學習的。一是文化詞……一是核心詞……至於有些出現頻率不太高的基本詞，他們在與漢人的交談中往往可以用其他的辦法避開它們。"依潘先生的意見，"扰"、"搭"這些詞之所以在語言轉用（本來説壯侗語的人改説漢語）的過程中没有被淘汰，就是因爲它們的出現頻率不高，即使保留下來，也不會影響跟説漢語的人作交流。

　　至於"陽入對轉"同源異形詞形成的年代，可以根據它們流行的範圍作出初步的擬測。一般來説，流佈範圍越廣的同源異形詞，形成的時間應該越早。例如（53）的"杰"、（60）的"捊"和"□"[fek^{7b}]，不單見於粵語區，在客語區也有廣泛的分佈。"杰"連南話唸[k^{h}yɛt^8]、河源話唸[k^{h}yat^8]、秀篆話唸[k^{h}yɛt^8]（李如龍、張雙慶 1992），都唸送氣音聲母。這馬上使我們聯想到沙加爾（Sagart 2001,2002）的一個意見。他認爲:客語到了南方才把濁音聲母轉化爲相應部位的送氣清音。"杰"這個底層詞的唸法恰好爲他的學説提供了一個絶佳的旁證。假如客語的祖語在北方已經清化，那它到了南方以後，爲什麽會把來源壯侗語濁聲母的"杰"唸成送氣的清聲母呢？比較合理的解釋是：客語在華南地區發展的初期，還保留著濁音聲母。説客語的族群需要和説壯侗語的族群打交道。語言轉用使客語吸收了一批底層詞，包括唸濁音的"杰"。後來客語聲母清化，"杰"便像其他濁音詞一樣改唸送氣清音。客語濁音聲母的清化，大概是明代中葉（約 1550 年）以前的事（Sagart 2001：150）。換言之，"杰"在客語中至少有 500 年的歷史了。我們相信，壯侗語跟客語接觸，以及跟粤語接觸發生在差不多同一個時間裏。① 因此，500 年的預測也適用於粤語之上。表"甩動"的那個詞，客語的連南話、秀篆話、寧都話唸[fit⁷]，梅縣、清溪唸[fin⁵]。潘悟雲（2005：26）注意到這個底層詞在地域上的分佈，指出："這個詞在古代南方漢語中一定是一個很重要的詞，所以會被廣泛地借用。"這個詞的兩個變體也許是跟"杰"一起被吸收到粤語的。它們都是最早一批形成的底層詞。上述的同源異形詞中，有沒有哪些形成的年代是比較晚的呢？同樣是根據地理上的分佈，我們認爲：(57)"□"[neŋ¹]和"□"[nek⁷ᵃ]、(58)"□"[ɬeŋ²]和"□"[ɬek⁸]形成的時間相對較晚。它們都只出現在南寧話中，而南寧話本身頂多只有 200 年的歷史。

4. 結論

本文通過大量例子的分析，指出早期的壯侗語、苗瑶語和今天它們的後代一樣，都有豐富"陽入對轉"的現象。在這些語言中，"陽入對轉"應該是一種純語音的輔音韻尾交替，跟構詞沒有直接關係。

___

①這個表〔稠〕義的"杰"，在粤語中的語音演變也符合一般的規律：它唸陽入調，聲母讀不送氣音。

隨著粵語在嶺南地區發展，大批本來説壯侗語或苗瑶語的人改操粵語，部分"陽入對轉"同源異形詞就以底層的形式保留下來。當然，"底層説"可能只適用於解釋部分同源異形詞的來源。正如我們在第一段所説，粵語的確從古漢語繼承了一些同源異形詞，而原始粵語也可能以"陽入對轉"作爲構詞手段。但如果把所有"陽入對轉"的例子都視爲"語音屈折"，那又未免以偏蓋全了。先弄清楚"陽入對轉"的來源，然後再作分類，這是我們的主張。

附論二　粵語方言三個全稱量化詞的來源和語法化

1. 引言

　　本章擬從方言比較的角度出發,探討粵語"晒"、"齊"、"了"三個動詞後置成分(作爲補語或助詞)的語法化路徑,並嘗試指出這三條路徑的共相與殊相,以及它們彼此的關係。之所以把這三個詞放在一起討論,是因爲它們有一個共通點:在粵語方言裏充當全稱量化詞(universal quantifier)。本文希望解答下述幾個問題:

　　(一)這幾個全稱量化詞的來源到底是什麼?

　　(二)全稱量化詞能不能進一步語法化?

　　(三)這幾個全稱量化詞到底有什麼關係(尤其是"晒"和"齊")?

　　(四)爲什麼全稱量化詞和完整體助詞很多時候使用同一形式?

　　在重建語法化路徑之前,讓我們先簡單介紹一下前人的相關研究(第 2 節),以及這幾個詞在各種粵語方言的語法功能(第 3 節)。

2. 前人研究

　　"晒"在粤語語法研究中早就備受關注。一來是語義上具有特殊性,二來是普通話裏没有一個完全對當的成分。張洪年(2007[1972]:168,170)把香港粤語的"晒"[ʃai⁵]視爲"介乎補語和詞尾之間""一個獨特的虛詞",意思是"全盤概括,一體皆然"。以後許多相關的論述(如李行德 1994;Matthews & Yip 1994;Tang 1996;歐陽偉豪 1998;P. Lee 2012;鄧思穎 2015 等),都是在這個基礎上展開的。這點會在第 3 節裏再作討論。至於南寧粤語"晒"[ɬai⁵]的功能,則由白宛如(1985)明文揭橥。她留意到:"晒"在南寧粤語中除了"全部"的意思外,還有另外兩種職能,"一個是相當於廣州話中表示完成的動詞詞尾'咗',另一個是相當於廣州話句子末尾的語氣詞'嘞'。"(白宛如 1985:140)林亦、覃鳳余(2008)、伍和忠(2018)對此補充了大量例子。一直以來,"晒"的研究都是圍繞著它的量化功能,對其歷史來源的興趣比較缺乏。余靄芹(Yue-Hashimoto 1991:306)屬於例外。她認爲粤語這個詞可能和苗語的[sai²ᵇ]"所有"有關,可惜没有進行深入的討論。

　　香港粤語的"齊"[tʃʰɐi²]是一個表"齊全"義的形容詞。它能以補語的身份出現在述補結構中,但對於左側動詞的配搭有較大的限制(見第 3 節),還不是一個成熟的全稱量化詞。南寧粤語情形就不一樣了。林亦、覃鳳余(2008:209)指出:南寧的"齊"[tʃʰɐi²]"與普通話'全'、'都'、'光'、'完'相當,用來概括動作所涉及的整個範圍和對象",發展出量化的功能,而且在很多情況下,已經取代了原來表全稱量化的"晒"(林亦、覃鳳余 2008:325)。

　　"了"在現代香港粤語裏並不是一個口語詞,但它卻以完整體助詞的身份出現在早期粵語口語文獻（19 世紀初至 20 世紀初）中，有 *liu*、*leu* 等讀法。張洪年（Cheung 1997：155）認爲文獻中的"了"可能只是一個訓讀詞，因爲它違背了粵語母語者的語感。郭必之（2016）根據田野調查得來的資料，指出廣西地區有多種粵語方言用"了"做體助詞（包括完成體助詞和完整體助詞）。早期粵語文獻上所反映的，應該是真實的情況。"了"很可能在早期粵語中存活過，到了 20 世紀初才被其他體助詞取代。

　　綜合上面所述，前人對粵語"晒"、"齊"、"了"的研究，有兩個特點：第一，主要由共時層面切入。這點在探討香港／廣州粵語"晒"的語義特徵方面顯得尤其明顯。相反，歷時的考察相當缺乏，沒有人以語法化的視角探討過這幾個量化詞的來源；第二，討論的方言以香港／廣州粵語爲主。雖然最近其他粵語方言（例如南寧）也逐漸受到關注，但論述的質量仍然沒法滿足嚴格的比較研究，好像"了"的量化功能就從來沒報道過。我們認爲：一些在共時層面中不容易解決的問題，如全稱量化和程度量化的界綫、"晒"在香港粵語句法層面中的異常分布等，或者都可以通過歷時的考察找到解答的綫索。利用歷時分析反饋共時研究，是本章期待的其中一個成果。

3. 共時描述

　　筆者曾經對八種"邊緣性"粵語方言的語法系統進行過調查。① 結果發現："晒"、"齊"、"了"都可以做全稱量化詞。但它們

---

①所謂"邊緣性"是指那些方言遠離珠江三角洲廣府片粵語流行地區。除特別註明者外，香港粵語的例句均由筆者自擬。

的地域分布頗有差異，量化以外的語法功能也不盡相同。請看表
1 的歸納：

表 1："晒"、"齊"、"了"在九種粵語方言中的功能

	晒	齊	了
香港廣府片	UQ；DQ	ADJ	×
新會荷塘四邑片	UQ	ADJ(?)	×
化州良光吳化片	×	ADJ(?)	UQ
廉江市區高陽片	×	ADJ	UQ
封開開建勾漏片	UQ(?)	ADJ(?)；UQ；DQ	PC；UQ(?)
賀州桂嶺勾漏片	×	ADJ(?)；UQ；DQ	PERF
玉林福綿勾漏片	×	ADJ(?)；PC；UQ	PERF；PFV
南寧市區邕潯片	V；PERF；PFV；CONJ；UQ	ADJ；UQ；DQ	×
百色市區邕潯片	V；PERF；PFV；UQ	ADJ(?)；UQ	×

"×"—沒有相關功能；"(?)"—存疑

　　儘管這張圖表還有許多地方做得不夠細緻，但已經可以看出
大概的輪廓來："晒"和"齊"都經常做全稱量化詞。"晒"集中在廣
府片、四邑片和邕潯片中；"齊"則見於勾漏片和邕潯片。"了"作
爲全稱量化詞分布並不廣，只可以在粵西的吳化片和高陽片中找
到蹤影。封開開建話是目前知見唯一一種"晒"、"齊"和"了"三個
都可以做全稱量化詞的粵語方言，其中"齊"最常用，"晒"和"了"
只能出現在個別業已凝固的結構中。下文我們會把注意力放在
香港粵語、廉江粵語、南寧粵語（表 1 中打上灰色底色的部分）這
三種方言上，它們分別以"晒"、"了"、"齊"作爲主要的全稱量化
詞。爲了使文章更流暢，本文在下一節會先逐個討論它們的語法

功能。

3.1　"晒"的語法功能

在粵語方言中,"晒"除了做全稱量化詞外(香港、南寧),還可以做"完結"義動詞(南寧)、程度量化詞(香港)、完成體助詞、完整體助詞(南寧)和順承連詞(南寧)。

3.1.1　"完結"義動詞

黃陽(2012)首先留意到南寧粵語的"晒"有動詞的用法,表示"完結":①

(1)南寧粵語:電影晒晒盟?(電影完了没有?)

(2)南寧粵語:缸裏嘅米晒晒哦。(缸裏的米用完了。)

例子裏的"晒晒"是[V—PFV]結構。作爲動詞的"晒",可以單獨做謂語中心,可以被否定,也可以帶體助詞。這個新近的發現相當重要,因爲在這之前我們根本不知道"晒"的詞彙義。相信"晒"的其他語法功能都是由"完結"義衍生出來的。

知道"晒"來源於"完結"義動詞後,我們就能解釋爲什麼香港粵語的"晒"可以充當能性述補結構中的補語。先看兩個例子:

(3)香港粵語:時間太急,寫唔晒篇文出嚟添。(時間太急了,不能把文章全都寫出來。)

(4)香港粵語:呢個人都唔衰得晒。(這個人不算壞透。)(張洪年2007[1972]:169)

香港粵語能性述補結構的格式是[V—得/唔—C]("C"代表補

---

①本章的南寧粵語語料,主要採自已經發表的作品。那些作品没標注例句的讀音。

語），原則上只有動詞才可以充當補語。張洪年（2007［1972］：170）一方向把"晒"歸入"謂詞詞尾"一類，另一方面又注意到它能出現在能性述補結構中。在這兩難的情況下，他只能説"晒"的性質是"介乎補語和詞尾之間"。本文認爲例（3）、（4）的"晒"是早期動詞用法的殘留，它的語義已經由"完結"發展爲"周遍"。香港粵語一般用作全稱量化詞的"晒"，其實是進一步語法化的結果。換言之，能性述補結構的"晒"和全稱量化詞的"晒"反映了語法化前後的兩個階段。

3.1.2　全稱量化詞

"晒"在香港粵語裏最主要的功能是做全稱量化詞。它出現在［（NP₁－）V（－C）－晒（－NP₂）］的格式中，給予關聯成分（NP₁或 NP₂）一個全稱義。在 Partee（1995）的量化分類中，"晒"屬於修飾語量化詞。先舉兩個例子：

（5）香港粵語：我已經睇晒嗰五本書啦。（我已經把那五本書全都看過了。）

（6）香港粵語：公園啲樹畀颱風吹冧晒。（公園裏的樹木全部都給颱風吹倒了。）

例（5）的量化對象是處於賓語位置的"嗰五本書"，例（6）的量化對象則是主語的"公園啲樹"。"晒"在進行量化時，受制於"有定（definite）/有指（specific）"和"複數"兩個條件（參看莫華 1993；李行德 1994；Tang 1996；歐陽偉豪 1998 等）。下面兩個例句都不合語法：

（7a）香港粵語：（?）我已經睇晒五本書啦。（? 我已經把五本書都看過了。）

（7b）香港粵語：* 我已經買晒呢本書啦。（* 我把這本書全都買了。)

(7a)的關聯成分"五本書"是無定的,所以跟(5)比較起來,顯然不夠自然。(7b)之所以不合語法,是因爲"買呢本書"(買這本書)屬於一次性的事件("once-only"predicate),而"呢本書"跟"買"這個動詞配搭時只能被視爲整體,句中又没有其他關聯成分可以讓"晒"進行量化,因此不符合複數限制的條件。

　　南寧粵語也用"晒"做全稱量化詞。但由於南寧粵語"晒"的功能已經發生轉移,以標記體貌爲主(第3.1.4節),爲免出現混淆,所以表達全稱量化時,比較傾向用"齊"(林亦、覃鳳余 2008:325)。以下兩例的"晒"都可以改用"齊",意思保持不變:

(8)南寧粵語:一筐果總爛晒。(一筐水果全都壞了。)(林亦、覃鳳余 2008:325)

(9)南寧粵語:冇買晒啲豆芽冇得返屋。(不賣完這些荳芽不能回家。)(林亦、覃鳳余 2008:325)

注意例(8)被量化的"一筐果"是無定的。看來南寧粵語在進行量化時並不像香港粵語那樣,受"有定/有指"條件限制。這點還需要進一步確定。

　　早期粵語口語文獻中也有用"晒"做全稱量化詞的例子。雖然字體的寫法不太穩定(既可寫作"晒",又可寫作"嗮"),但它的語法功能和今天的香港粵語没明顯的差異:

(10)早期粵語:嗰的荷蘭羽緞賣嗮咯"I have sold all I had."(Bridgman 1841:20)①

---

①本章所引的早期粵語例子,都是通過"早期粵語口語文獻資料庫"及"早期粵語標註語料庫"檢索得來的。參看本書第一章的介紹。

(11)早期粵語：所有嘅多人嚟齊晒"All the men came[as many men as there were without an exception]."(Ball 1883：37)

例(11)的翻譯十分精到。全部參與、没有例外，正是全稱量化的本質。

3.1.3　程度量化詞

把香港粵語"晒"的某些行爲歸類爲程度量化(degree quantification)，是由李嘉欣、李行德(Lei ＆ T. Lee 2013)首先提出的。程度量化是指相關的謂詞性成分被量化後，其所表示的程度或特性達到最高的水平。全稱量化和程度量化最不一樣的地方，是前者的量化對象是名詞性成分(如例5"嗰五本書")，而後者則是謂詞性成分。李嘉欣、李行德(Lei ＆ T. Lee 2013)指出：作爲程度量化詞的"晒"，有四種主要類型：

(一)形容詞性謂語：塊面紅晒(臉紅極了)①

(二)[V－O]型複合形容詞：扮嘢(裝蒜)＞扮晒嘢(裝蒜裝得令人意想不到)

(三)[V－O]型狀態謂語：靠晒你(全靠你)

(四)慣用語式：唔該晒你(非常感謝你)

他們的觀察大抵是正確的。以下四例均由筆者自擬：

(12)香港粵語：有錢大晒呀？(字面意思：有錢就最大嗎？實際意思：有錢就可以橫行霸道嗎?)

(13)香港粵語：佢喺 K 度玩到顛晒。(她在卡拉 OK 裏玩得極度

---

①"塊面紅晒"這類例子是有歧義的。當中的"晒"既可分析爲程度量化詞("臉紅極了")，但也可以當成全稱量化詞看待("臉通紅了")。李嘉欣、李行德(Lei ＆ T. Lee 2013：13)已注意到這一點。其實南寧粵語類似的例子也有歧義，不過涉及的量化詞是"齊"，不是"晒"。

瘋狂。）

(14)香港粵語:去邊度呀？打晒呔咁誇張？（到哪兒去啊？結領
　　　　　帶那麼誇張?）

(15)香港粵語:佢做啲嘢實在令人摵晒頭。（他做的事情實在使
　　　　　人完全摸不著頭腦。）

例(12)的"大晒"屬於慣用語,意思是指某一特定範圍内地位最
高,影響力最大。(13)的"晒"的量化對象明顯是形容詞"顛"(瘋
狂)。"玩到顛晒"的程度要比"玩到顛"高。(14)的"打晒呔"屬第
(三)類,表達了説話者的主觀值,即説話對象"結領帶"的行爲完
全令人意想不到。句中的"晒"已經没有任何實義,語法化程度相
當高。根據我們初步的調查,廣州粵語的"晒"還未發展出這種功
能。(15)的"摵頭"(摸不著頭腦)是一個複合形容詞。加上"晒"
之後,所指的程度便提升到最高的級別。

南寧粵語雖然也用"唔該晒"、"多謝晒"(非常感謝),但發音
人都覺得那是從廣州/香港粵語借移過去的。撇除了這兩個慣用
語外,我們没有發現南寧粵語用"晒"做程度量化詞的例子。

3.1.4　完成體助詞/完整體助詞

根據 Chappell(1992)等人的分類,普通話的"了₂"是完成體
助詞,"了₁"是完整體助詞。南寧粵語相當於普通話"了₁"和"了₂"
的成分都是"晒"。普通話"吃了飯了",南寧粵語是"食晒飯晒"。
從這個角度理解,不妨説:南寧粵語的完成體和完整體都用"晒"
作爲標記。舉四個例子:

(16)南寧粵語:我哋住喺南寧得三十年晒。（我們住在南寧有三
　　　　　十年了。）

(17)南寧粵語:隻貓仔開始捉老鼠晒。（這隻小貓開始捉老

鼠了。）

(18)南寧粵語：佢上個月結晒婚晒。（他上個月結了婚了。）

(19)南寧粵語：佢揸爛仔頭打隻腳斷晒。（他被流氓打斷了一
　　　　　　　條腿。）

例(16)、(17)和(18)句末的"晒"都是完成體助詞。它出現在
[VP－晒]格式中，表達一個與現實相關的情況。例(19)的"晒"
和例(18)"結晒婚"的"晒"則屬於完整體助詞，出現在[V－O－
C－晒]、[V－C－O－晒]、[V－C－晒－O]幾種格式中。

　　用"晒"做完成體/完整體助詞普遍見於廣西中西部的邕潯
片粵語（南寧、百色等）。其他粵語方言片暫時還沒發現這種
用法。

　　有些學者認爲香港/廣州粵語的"晒"帶有動作實現的意思，
而且相關動詞必須含[＋變化]的語義特徵（如張雙慶 1996；彭小
川 2010 等）。比較以下兩個例句：

(20a)香港粵語：出面啲人走晒。（外面的人全都離開了。）

(20b)香港粵語：出面啲人走咗。（外面的人離開了。）

例(20a)用"晒"，例(20b)則用典型的完整體助詞"咗"。兩個句子
都合語法。例(20a)的"晒"除了對"出面啲人"（外面的人）進行量
化外，好像也表達了動作"走"（離開）實現的意思。雖然如此，我
們還不能把香港/廣州粵語的"晒"視爲體助詞。(21a)和(21b)兩
個例句能清楚説明問題：

(21a)香港粵語：出面嗰個人走咗。（外面那個人離開了。）

(21b)香港粵語：*出面嗰個人走晒。（*外面那個人全都離開了。）

明顯地，"晒"的功能還是在量化方面。只要關聯成分不符合第

3.1.2 節提及的兩個要求時便馬上不合語法（21b 的主語不是複數）。可是"咗"卻没有這樣的限制。它專注於標記體貌。

3.1.5　順承標記

白宛如（1985:144－145）首先注意到南寧粵語的"晒"可以緊跟在一般名詞或時間名詞之後，表示"先後順序"。其後林亦、覃鳳余（2008:326）把"晒"這種用法視爲"順序義標記"，並指出："'晒'在兩個動作或事件之間，表示前一個動作或事件結束，開始另一個動作或事件……'晒'跟在名詞之後，也表示先後順序……"舉兩個例子：

（22）南寧粵語：我十幾歲來廣西，晒一直住喺南寧。（我十幾歲來廣西，之後一直住在南寧。）

（23）南寧粵語：書記先，書記晒，院長至講。（書記先講，書記講完了，到院長講。）

本文暫時把這些例子中的"晒"視爲順承標記。它們看來還可以進一步分爲幾個小類（尤其是當它和後面的語氣詞結合的時候）。但由於這不是本文的重點，所以不擬詳談。在我們的語料中，以"晒"作爲順承標記的現象，只可以在南寧粵語中找到。

3.2　"齊"的語法功能

在香港粵語和南寧粵語裏，"齊"屬於形容詞，有"齊全"的意思。"齊"在南寧粵語中還可以做全稱量化詞甚至程度量化詞。

3.2.1　"齊全"義形容詞

"齊"在大部分粵語方言裏都作形容詞用，有"完全、齊全"（參考白宛如 1998:122 對廣州粵語的描述）的意思。這裏舉香港粵語兩個句子爲例：

(24)香港粤語:啲餸齊晒未?(菜都全來了嗎?)

(25)香港粤語:你收集啲資料都幾齊下。(你收集的資料頗爲齊全。)

"齊"可以否定,可以帶量化詞"晒"(例24),也可以被程度副詞修飾(例25)。

　　香港粤語的"齊"也常常以補語的身份出現在述補結構中:

(26)香港粤語:記得帶齊啲書過去啊。(記得把書全都帶過去啊。)

(27)香港粤語:做齊啲嘢先准收工。(把事情全都做完才可以下班。)

例子中的"齊"分別指向"啲書"(那些書)和"啲嘢"(那些事情),頗有量化的意味。這兩個"齊"都可以改換爲"晒",意思没有明顯改變。例如(26)可以改寫爲(28):

(28)香港粤語:記得帶晒啲書過去啊。(記得把書全都帶過去啊。)

"齊"甚至可以和"晒"共現,構成[V-齊-晒-O]結構,如:

(29)香港粤語:記得帶齊晒啲書過去啊。(記得把書全都帶過去啊。)

可是,既然我們把"晒"視爲全稱量化詞,那麽"齊"就不太可能有和"晒"一模一樣的功能。另一方面,"齊"出現的範圍頗有限制,它只能配搭個别含[-消失]義的動詞(如"做"、"攞"[拿]、"儲"、"執"[執拾]、"到"等)。試比較下面兩句:

(30a)香港粤語:啲書唔見晒。(那些書全都不見了。)

(30b)香港粵語: *啲書唔見齊。（預期中的意思:那些書全都不見了。）

"唔見"（不見、丟失）含[＋消失]義,它只能用"晒"進行量化,不能用"齊"。基於上述原因,我們認爲香港粵語的"齊"不是嚴格意義的全稱量化詞。

　　早期粵語口語文獻裏也有若干用"齊"做補語的例子,其用法和現代香港粵語的似乎沒有任何分别:

(31)早期粵語:佢點知個啲客幾時嚟齊嘅呢？（他怎麽知道客人什麽時候全都來了呢?）(Ball 1912)

(32)早期粵語:我哋使用嘅物件已經辦齊。（我們用的物件已經全都做出來了。）(Fulton 1931)

3.2.2　全稱量化詞

　　南寧粵語"晒"的全稱量化功能已逐漸被"齊"所取代。在這情況下,"晒"和"齊"便形成了功能上的分工——"晒"負責標記體貌,"齊"則專注於量化。以下是"齊"做全稱量化詞的例子:

(33)南寧粵語:我啲錢全部使齊晒。（我的錢全部用光了。）

(34)南寧粵語:我買啲西瓜返嚟齊晒哦。（我把西瓜全都買回來了。）

(35)南寧粵語:話啊盟講齊。（話還没全説完。）

(36)南寧粵語:嚕幾隻人都落崗齊晒。（那幾個人全都失業。）

"齊"出現的句法格式爲[VP－齊(－晒$_{PERF}$)]。它的詞彙意義已經變得不明顯,可以和多種動詞,包括含[＋消失]義的動詞（例33)配合,不像香港粵語那樣受到限制。

3.2.3　程度量化詞

　　林亦、覃鳳余(2008:294)把南寧粵語的"齊$_2$"（相對於做全稱量化詞的"齊$_1$")歸類爲"程度副詞","表示程度很高"。我們認爲這一類"齊"是程度量化詞：

(37)南寧粵語：我嚇到□[neŋ¹]雞都青齊去。(我嚇得連臉都
　　　　　　　青了。)①

(38)南寧粵語：我哋笑得腳總嫋齊。(我們笑得腿都軟了。)

(39)南寧粵語：做晒一日工,劼齊去哦。(幹了一天活,累極了。)

作爲程度量化詞的"齊",經常出現在[ADJ－齊－去]的格式中(例
37、39)。句末的"去"是程度事態助詞,強調事件的結果/狀態達
到極深或令人意外的程度(參看本書第六章),例如(39)"劼齊去"
是指"劼"(疲累)的程度達到最高點。第3.1.3節提過,香港粵語
的程度量化詞"晒"可出現在複合形容詞、狀態謂語和個別慣用語
中(如(12)"大晒"、(14)"打晒呔"和(15)"掗晒頭"),但南寧的
"齊"卻都沒有相應的形式。

3.3　"了"的語法功能

　　"了"在現代粵語方言裏的分布非常局限,只見於高陽片、吳
化片和勾漏片個別方言中。它們有的充當全稱量化詞,有的標記
完成體和完整體。值得注意的是,早期粵語的口語文獻反而有不
少用"了"的例子,都是完整體助詞。

3.3.1　全稱量化詞

　　粵西的廉江粵語、化州粵語都用"了"做全稱量化詞。這種現
象以前從未報道過。下面舉三個廉江的例子：

――――――――――

①例(37)至(39)的"齊"其實也可以理解爲全稱量化詞。換言之,這些例句
　都有歧義。參看本章第4.3節的討論。

（40）廉江粵語：我銀紙使了嘮。（我的錢用光了。）

（41）廉江粵語：每次有人講佢叻，佢面就紅了嘮。（每次有人誇獎
　　　　　　　他，他的臉就通紅了。）

（42）廉江粵語：唐詩三百首我背熟了嘮。（唐詩三百首我全都背
　　　　　　　熟了。）

這個"了"在廉江粵語裏讀［liu⁴］，出現在［V（－C）－了－PERF］的
格式中。三個例子的量化對象分別是"銀紙"（錢）、"面"（臉）和
"唐詩三百首"。

3.3.2　完成體/完整體助詞

　　廣東、廣西交界的勾漏片粵語，有些方言用"了"做體助詞，標
示完成體和完整體。下面四個例子，分別取自玉林粵語和賀州
粵語：

（43）玉林粵語：我借了老陳三隻飯煲。（我借了老陳三個鍋。）

（44）玉林粵語：白拈搶了我隻錶。（賊人搶了我的手錶。）

（45）賀州粵語：佢分我去，我就去了。（他讓我走，我就走了。）

（46）賀州粵語：大齊家都來開了。（大家都來了。）

（43）和（44）的"了"（玉林讀［liu⁴］）是完整體助詞，表示動作的實
現；（45）和（46）的"了"（賀州讀［liu³³］）①則是完成體助詞，標記一
個新情況。

　　"了"在早期粵語裏可以充當完整體助詞，和普通話的"了₁"
無異：

（47）早期粵語：禾割了又點樣做呢？"and what is to be done with

_____

①"了"在語流中總唸 33 調，而這個調並不屬於任何一個基本調。

the rice after it has been reaped?"（Bridgman 1841:341）

(48)早期粵語:我做了三年廚,兩年企枱。"I was a cook for three years and a waiter for two."（Stedman & Lee 1888:28）

現代廣州/香港粵語都已經完全不用"了"這個詞了。(47)、(48)兩例告訴我們:粵語曾經使用"了",不過在過去一百多、二百年間有所萎縮,在個別方言裏甚至遭到淘汰。

4. 語法化路徑

本節首先指出"晒"、"齊"、"了"的詞彙來源（lexical source）,並據此擬構這三個詞的語法化路徑,以及説明語法化出現的具體環境。

通過上文的討論,我們已經掌握了"晒"和"齊"的詞彙義。"了"的詞彙義則可以在古漢語中找到:

（一）"晒":完結（南寧粵語）
（二）"齊":齊全（香港粵語等）
（三）"了":完結（古漢語）

"完結"和"齊全"這兩個詞彙義,相信就是語法化的起點。

4.1 "完結"義動詞＞全稱量化詞（助詞）

無論是古漢語抑或是現代漢語方言,都可以找到"完結"義動詞演變爲全稱量化詞的證據。古漢語方面,標示全稱量化的"完結"義動詞有"畢"、"訖"、"盡"等。請看以下三例（皆轉引自李宗江 2004;董正存 2011）:

（49）上古漢語：師畢入，衆知之。（《左傳·哀公二年》）

（50）上古漢語：民訖自若是多盤。（《尚書·秦誓》）

（51）上古漢語：盡知萬物之性，畢睹千道之要也。（《論衡·實知篇》）

例中的"畢"、"訖"、"盡"都是範圍副詞，佔據狀語的位置（參看董正存 2011 的分析）。它們的量化對象是處於主語位置或賓語位置的名詞性成分，如（49）是"師"，（51）是"萬物之性"（由"盡"量化）和"千道之要"（由"畢"量化）。至於現代漢語方言，西安話、西寧話、北京話等官話方言都用不同的補語成分表達動作的量化和動作對象的量化，其中後者很多時候會用"完"、"了"等做標記（李思旭 2010：337—338）：

（52）西安官話：吃完了再買。（吃完了再買。）

（53）西寧官話：米吃完了再買呵成？（米吃完了再買行嗎？）

（54）北京官話：吃了兩個菜了。（兩個菜都吃光了。）①

要注意的是，（54）的"了"唸弱化形式［lou］。"吃了［lou］"相當於"吃光"。顯而易見，"完"和"了"原來都是"完結"義動詞。上述例子，爲擬構粤語量化詞"晒"和"了"的語法化路徑提供了寶貴的訊息。

我們認爲粤語"晒"和"了"語法化的起點是［NP_1—V_1—V_2—NP_2］，當中 NP_1 或 NP_2 具複數意義或離散性；［V_1—V_2］是述補結構，V_2 由"完結"義的"晒"或"了"充當。在語法化發生之前，V_2 指

---

① 如果表達動作的完成，西安官話用"畢"（如"吃畢了再買"），西寧官話用"罷"（如"話吃罷了再説呵成？"），北京官話則用"了"［$lə^0$］。參看李思旭（2010：337—338）。

向 V_1，表示 V_1 所指的事件或狀態已經結束。可是，由於 V_2 的語義特徵，NP_1 或 NP_2 又具複數意義或離散性，再加上特定的語境，這個結構也可以被理解爲：NP_1 或 NP_2 的每個成員或每個部分都參與了 V_1 所指的事件或狀態。因爲假如出現例外，就不能稱爲"完結"。這情況造就了重新分析的出現。① 經過重新分析之後，"晒"和"了"由原來出現在補語位置的動詞（V_2）演變爲助詞（因此可以出現在述補結構後，構成［V－C－晒/了］格式，如"做完晒"），語義也由原來的"完結"演變爲"周遍"。讓我們用一個具體的例子來説明一下（句中的"晒"也可以替换爲"了"）：

(55a)粵語（階段一）：齣戲晒啦。（戲完了。）（"晒"是謂語中心，"完結"義動詞）

(55b)粵語（階段二）：齣戲做晒啦。（戲演完了。）（"晒"是述補結構補語的成分，語義指向左側的動詞）

(55c)粵語（階段三）：齣戲做晒啦。（整套戲都演完了。）（"晒"是全稱量化詞，語義指向主語的名詞性成分）

(55)的(a)、(b)、(c)代表語法化的三個階段。在(a)句中，"晒"佔據謂語位置，明顯還是一個動詞。(b)句代表第二步。"晒"出現在補語的位置，語義指向佔謂語核心位置的動詞"做"。由於主語"齣戲"具離散性，可以分割爲不同的部分，所以"齣戲做晒"也可以理解爲"戲"的每一個部分都已經演過了。當這種理解成爲主流後，"晒"作爲全稱量化詞的身份便正式確立了（參看(c)句的

---

① 董正存(2011)對"完結"義動詞發展出"周遍"義的機制作了非常詳細的説明。他認爲：在演變的過程中，有關動詞的認知域經歷了"動作＞性狀＞量"的演變，其中在"性狀＞量"的過程中隱喻(metaphor)起了作用，是演變的關鍵。

翻譯）。

　　"晒"在不少粵語方言裏都可以表全稱量化。估計在那些方言分支以前，"晒"已經由動詞演變爲全稱量化詞了。在衆多粵語方言中，只有南寧粵語保留了"晒"的詞彙意義——"完結"。

　　還有一個問題："晒"的最終來源到底是什麼？現在知道它是一個表"完結"的動詞。可是，其他漢語方言裏好像都沒找到它的同源詞，古代的字書、韻書裏也都没有什麼可靠的消息。這使我們懷疑它是一個源自民族語言的底層詞。余靄芹（Yue-Hashimoto 1991）拿粵語的"晒"跟苗語的 *sai*（全部）做比較，是一個可行的方向，可惜苗語 *sai* 的意思並不是"完結"。對本段起首提出的問題，目前最老實的回應是：我們並不知道"晒"是怎麼樣來的。

4.2　"齊全"義形容詞＞全稱量化詞（助詞）

　　"齊"的語法化起點應該和"晒"、"了"一樣，即$[NP_1 - V_1 - V_2 - NP_2]$，當中 NP_1 或 NP_2 具複數意義或離散性；$[V_1 - V_2]$是述補結構，V_2由"齊全"義的"齊"充當。和"晒"、"了"不同的是，$[V_1 - 齊]$的"齊"一開始便指向 NP_1 或 NP_2。另一方面，由於"齊"的詞彙義仍然存在，所以如果 V_1 含［＋消失］義，"齊"便排斥它，使整個句子變得不合語法。在這個階段，"齊"出現的環境比較局限，還不算是個成熟的全稱量化詞。直至對 V_1 語義的限制放寬了，［＋消失］義的詞也能進入相關的格式中，"齊"才能算是真正的全稱量化詞。對 V_1 語義的要求由緊變鬆，屬於擴展的行爲。比較下面三個句子：

(56a)粵語（階段一）：啲人齊啦。（人齊了。）（"齊"是謂語中心，
　　　　　　　　　　　　"齊全"義形容詞）

(56b)粵語(階段二):啲人到齊啦。(所有人都到了。)("齊"是述
　　　　　　補結構補語的成分,逐漸發展爲全稱量化
　　　　　　詞,語義指向主語的名詞性成分)
(56c)粵語(階段三):啲人趯齊啦。(所有人都離開了。)("齊"是
　　　　　　全稱量化詞,語義指向主語的名詞性成分,
　　　　　　可以和"趯"[離開]等[＋消失]義動詞配搭)

(56a)和(56b)在香港粵語中都是合語法的,但(56b)的 V_1 不能含
[＋消失]義。(56c)則只可以在南寧粵語中聽到,充當 V_1 的"趯"
(離開)是個[＋消失]義動詞。也就是説,南寧粵語比香港粵語多
走了一步,"齊"已經由"齊全"義形容詞語法化爲表全稱量化的
助詞。

4.3　全稱量化詞(助詞)＞程度量化詞(助詞)

在 Heine & Kuteva(2002:36—37)的語法化詞庫中,記錄了
"全部＞最高級"(All＞Superlative)這條演變路徑,相當於本節所
説的"全稱量化詞＞程度量化詞"。Heine & Kuteva(2002)指出:
最高級形成的主要模式,是把比較中的個人標準改換爲整個級別
所有成員的標準。書中舉了非洲 Amharic 語的 *hullu*、Hamer 語
的 *wul-* 和 Teso 語的 *kere* 等爲例,但没有漢語的例子。

就我們的觀察而言,香港粵語的"晒"被理解爲全稱量化詞還
是程度量化詞,很多時候是取決於語境的(因此容易出現歧義,見
下文)。這個認識十分關鍵,我們可以以"語境引發的語法化"
(context-induced grammaticalization)理論(Heine 2002)作爲框
架,闡釋"全稱量化詞＞程度量化詞"這條語法化路徑。簡單來
説,"語境引發的語法化"可以分爲四個階段:第一,初始階段(ini-

tial stage)，結構 x 還没産生語法化；第二，搭橋語境，某些語境會支持 x 推斷出一個新的語法意義，但來源意義仍然存在；第三，轉換語境，某一新語境和 x 的來源意義不相容；第四，固化語境，新的語法意義已經無需依靠語境烘托，可以應用於新的語境中。以下四個含"晒"的例句，分別代表"語境引發的語法化"的四個階段：

(57a)香港粤語：老闆炒晒你哋。（老闆把你們全部都解僱了。）

(57b)香港粤語：多謝晒你。（非常感謝你。/感謝你所做的一切。）

(57c)香港粤語：媽咪錫晒你。（媽媽最愛你。）

(57d)香港粤語：佢扮晒斯文，其實好粗魯。（她假裝斯文[達到令人意想不到的程度]，其實很粗魯。）

(57a)的"晒"在任何語境下都只能指向佔賓語位置的"你哋"（你們）。若把賓語改爲單數"你"便馬上不合語法。因此，句子中的"晒"只能當作全稱量化詞看待。(57b)最能清楚説明何謂"搭橋語境"。"搭橋"的關鍵在於佔賓語位置的"你"。在特定的語境中，這個"你"不一定是指某一個人，也可以是那個人所做的每一件使説話者受益的事。假設有這樣一個情形：對方給説話者送了很多禮物，那説話者回應説："多謝晒你"，"你"很容易就理解爲"你送來的許多禮物"。這時候"晒"還是一個全稱量化詞，指向有複數意義的禮物。現在設想另一個場景：對方只是給説話者送了一份禮物，而那份禮物既不是複數又没有離散性（譬如一本書），但説話者依然可以以"多謝晒你"做回應。這時候"你"只能理解爲送禮的那個人或者是他送出的那份禮物。無論指向的是人還是物，都是單數。"晒"在這語境中只能視爲程度量化詞，目的是提升左側謂詞所表達的程度，使它到達最高級。"多謝晒"於是衍生出"非常感謝"的意思。①　至於(57c),"你"在任何情形下都只能理解爲一個人,是單數。前面説過,"晒"作爲全稱量化詞時關聯成分必須遵守有定/有指和複數兩個條件。這樣看來,"媽咪錫晒你"的"晒"只能是程度量化詞,指向左側的謂詞"錫"(愛),不可能是全稱量化詞。這個例子反映"轉換語境"。最後,當"晒"作爲程度量化詞的身份獲得確立以後,便能較自由地出現在[V—O]結構中(複合詞或述賓短語),不再需要語境的烘托,如"著晒西裝"(令人意想不到地穿著西裝)、"打晒呔"(令人意想不到地結領帶)、"爆晒粗"(令人意想不到地狂噴髒話)。這些"晒"已經進入了"固化語境"的階段。表2概括以上部分例子以及它們的屬性:

表 2:"語境引發的語法化"框架下香港粵語"晒"的表現

	全稱量化詞	程度量化詞
初始階段	炒晒你哋	
搭橋語境	多謝晒你	多謝晒你
轉換語境		錫晒你
固化語境		扮晒斯文

　　由"多謝晒你"發展至"扮晒斯文"(57b—d)這一段中,有幾個現象值得關注。首先是擴展。[V—晒—O]的O原來必須是複數或具離散性。但經歷擴展後,單數或不具離散性的賓語也可以進入這個格式中,例如"扮晒斯文"和"搣晒頭"。"著晒西裝"自然也不能理解爲"把所有西裝都穿上了"。如前所述,廣州粵語現在還不能接受"扮晒斯文"這種説法。換言之,廣州粵語的[V—晒—O]還沒經歷擴展。香港粵語在這方面比廣州粵語多走了一步。

————————————

① 在一般的情況下,不帶賓語的"多謝晒"、"唔該晒"中的"晒"只能理解爲程度量化詞。

另一個現象是主觀化（subjectification）。主觀化是指"語義越來越基於說話人對所說的話的主觀理解、説明和態度"（Traugott 1989:35；參考邢志群 2005:325 的譯文）。在上表中，越是靠近"固化語境"階段的例子，主觀化的程度也越高。（57d）的"扮晒斯文"，意思是"假裝斯文到了極限"，在梯級的最高點。這個"極限"是說話者的主觀值，是他想象中的最高程度。事實上，"固化語境"階段的例子中的"晒"，已經由"程度最高"衍生出"令人意想不到"的意思，帶有誇張效果。這是由於説話人對"晒"周邊的詞或短語有主觀的理解，導致語義發生了演變。最後要説明的是"分層"（layering）。Heine（2002:86）指出：當四個階段共現在同一語言裏，構成由語境決定的變體後，"分層"便會形成。①香港粵語"晒"在發展出標示程度量化的功能之餘，也完好地保留了全稱量化詞的用法，是"分層"極佳的例證。

　　我們詳細檢查過早期粵語"晒"（包括其他寫法）的用法，有一個發現："晒"在 19 世紀中葉至 20 世紀初期的香港/廣州粵語中普遍用作全稱量化詞，但極少標示程度量化。"早期粵語標註語料庫"收錄了十種文獻，年代介乎於 1872 年至 1931 年間。"晒"和它的同源詞共有 157 筆，其中 156 筆做全稱量化詞，只有一例屬於程度量化詞，即（58）：

（58）早期粵語：多煩晒咯。"I am much obliged to you."（Stedman & Lee 1888:20）

本文主張程度量化詞源自全稱量化詞。對於上述情況，最有力的

---

①注意這裏所説的"分層"和 Hopper（1991:22）所指的"分層"並不完全一樣。此點承蒙黎奕葆君見告，謹致謝忱。

解釋應該是:早期粵語的"晒"還没全面發展出程度量化詞的用法。一直到了20世紀中期,標示程度量化的"晒"才普及起來。至於屬於"固化語境"階段的"扮晒斯文"、"著晒西裝"等,更加是最近20年才開始流行的新興説法。

　　南寧粵語的"齊"雖然也可以做程度量化詞,但其出現的環境和香港粵語的"晒"頗不相同。"齊"只可以出現在形容詞之後,不可以出現在述賓結構中間。更重要的是,我們搜集到的例句似乎都有歧義:

(59)南寧粵語:我嚇到□[nɐŋ¹]雞都青齊去。(我嚇得連臉都青了。/我嚇得整張臉都青了)(=37)

(60)南寧粵語:我一聽講考博,頭都痛齊。(我一聽要考博,頭疼極了。/我一聽要考博,整個頭都痛了。)(林亦、覃鳳余 2008:294)

(59)"□[nɐŋ¹]雞都青齊去"的意思可以是"臉變得極青"("□[nɐŋ¹]雞"其實是"疤痕"),也可以是"整張臉都變青了"。前一種讀法是把"齊"當成程度量化詞,後一種讀法是把"齊"當成全稱量化詞。同樣道理,(60)"頭都痛齊"既可解作"頭疼極了"("齊"是程度量化詞),也可以解作"整個頭都痛了"("齊"是全稱量化詞)。這樣看來,在"語境引發的語法化"的框架中,南寧的"齊"只是到達了"搭橋語境"的階段。參看表3。

表3:"語境引發的語法化"框架下南寧粵語"齊"的表現

	全稱量化詞	程度量化詞
初始階段	洗齊啲衫(把衣服全洗了)	
搭橋語境	頭都痛齊	頭都痛齊
轉換語境		?
固化語境		?

可以説,作爲程度量化詞,香港粤語的"晒"出現的環境遠比南寧粤語的"齊"闊大,"晒"也比"齊"活躍得多。

4.4　"完結"義動詞＞完成體助詞＞完整體助詞

這一條語法化路徑早已爲人所熟知(cf. Bybee et al. 1994; Heine & Kuteva 2002:134－138 等),毋需多作介紹。在本文的例子中,參與演變的,有南寧粤語的"晒"和玉林粤語的"了"。"齊"並不是"完結"義動詞,所以沒有進入這一條發展路徑。

4.5　"完結"義動詞＞順承標記

Heine & Kuteva(2002:137－138)指出:"完結"義動詞容易語法化爲表連接的話語標記(discourse marker)。這在世界上許多語言中都出現過。他們所説的表連接的話語標記,相當於本文的"順承標記"。在漢語方言裏,除了第 3.1.5 節報道過的"晒"由"完結"義動詞語法化爲順承標記外,還有台灣閩南語的"了後"(參考梅祖麟、楊秀芳 1995 的分析):

(61)台灣閩南語:伊本來住台北,了後搬去台南。(他本來住台北,後來搬去台南。)

閩南語的"了"本身是個動相補語,意思就是"完結"。"了後"的形成,和南寧粤語"晒"的形成十分相似。"了"和"晒"本來都以"完結"義動詞的身份出現在[VP₁ － FINISH,VP₂]格式中(以'FINISH'表示"晒"和"了")。這個格式後來被重新分析爲[VP₁,FINISH－VP₂],表"完結"的動詞也隨之語法化爲連詞,表"接著"的意思。閩南語"了後"的"後"來源於原來 VP₂ 句首的成分。在詞彙化的過程中,它和原來 VP₁ 句末的"了"結合在一起,現在"了後"已變成了一個詞。

4.6　小結

　　上文分別介紹了"晒"、"齊"、"了"的語法化路徑,討論了它們作爲全稱量化詞、程度量化詞和體助詞的來源。這幾個詞在同一方言中往往有幾個功能(如"晒"在香港粵語中既可做全稱量化詞,又可做程度量化詞),我們認爲這是語法化路徑上不同階段的反映。"晒"和"了"本來都是"完結"義動詞,它們的語法化路徑也相當接近,只是"了"沒發展出程度量化詞和順承標記等功能。圖1 是"晒"和"了"的語法化路徑:

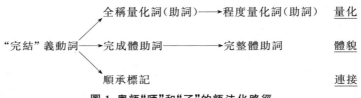

圖 1:粵語"晒"和"了"的語法化路徑

這張圖顯示"完結"義動詞有三個主要的語法化方向:量化、體貌和連接,屬於"多向語法化"模式。

　　"齊"的語法化路徑比較簡單。它只專注在量化方面發展:

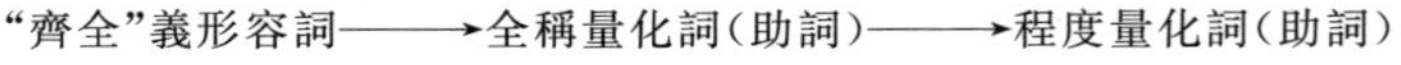

"齊全"義形容詞 ─────→ 全稱量化詞(助詞) ─────→ 程度量化詞(助詞)

圖 2:粵語"齊"的語法化路徑

路徑上的三個階段,都可以在南寧粵語中找到。

　　爲了方便比較,我們把上面兩張圖合併在一起,再標上"晒"、"齊"、"了"在各種粵語方言中的功能,那就會得出圖 3:

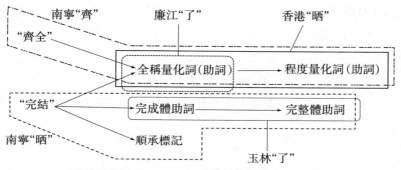

圖3：粵語"晒"、"齊"、"了"的語法化路徑及其功能

圖中有三點需要注意：第一，同一個"晒"，在南寧粵語裏專注於"體貌域"和"連接域"，但香港粵語則只在"量化域"中發展；第二，同一個"了"，廉江粵語用它來標示量化，玉林粵語則把它當成完成體助詞和完整體助詞；第三，南寧粵語的"晒"和"齊"有清晰的分工。"晒"表體貌，而"齊"則表量化。我們知道，南寧粵語的"晒"其實也可標示量化，只是功能正在衰退，有被"齊"取代的趨勢。正如林亦、覃鳳余（2008：325）所指出："齊"在"量化域"上替代"晒"，主要原因是避免歧義。試看以下例句：

(62a)南寧粵語：佢哋上個月結晒婚晒。（他們上個月結了婚了。／他們上個月全都結了婚了。）

(62b)南寧粵語：佢哋上個月結婚齊。（他們上個月全都結了婚。）

(62a)的"結晒婚"是有歧義的。"晒"既可理解爲完整體助詞，指向動詞"結婚"；也可以理解爲全稱量化詞，指向佔主語位置的"佢哋"（他們）。相反，(62b)的"結婚齊"的"齊"只能當作全稱量化詞。在"量化域"裏，"晒"、"齊"具有競爭（competition）的關係。"晒"顯然是落敗的一方。我們用圖4概括"晒"和"齊"在南寧粵語中的關係：

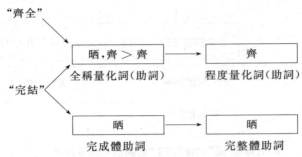

圖4：南寧粵語"晒"、"齊"的功能分工

5. 結論

　　以上討論了"晒"、"齊"、"了"在不同粵語方言中的功能，以及它們的語法化路徑。現在可以回答在本文首段中提出的幾個問題：

　　（一）"晒"、"齊"、"了"作爲全稱量化詞，它們的來源到底是什麽？答："晒"和"了"都源於"完結"義動詞，而"齊"則來自"齊全"義形容詞。它們原先都處於 $[NP_1 - V_1 - V_2 - NP_2]$ 格式裏 V_2 的位置，屬 V_1 的補語，經語法化後演變爲表全稱量化的助詞。在漢語中，述補結構是其中一種最容易發生語法化的結構（cf. Chappell & Peyraube 2011）。

　　（二）全稱量化詞能不能進一步語法化？答："晒"和"齊"在個別粵語方言中已經語法化爲程度量化詞。程度量化的量化對象是左側的謂語性成分。經量化後，該謂詞性成分所表示的程度或特性便提升至最高水平，如香港粵語"癲晒"就是"最瘋狂"的意思。程度量化往往伴隨著主觀化。

　　（三）這幾個全稱量化詞到底有什麽關係（尤其是"晒"和"齊"）？答：在南寧粵語中，"晒"和"齊"都可以做全稱量化詞。但由於"晒"具多功能性，容易引起歧義，所以南寧人傾向用"齊"表量化，用"晒"表體貌，造成了分工的局面。在香港粵語中，"齊"還沒發展爲一個成熟的全稱量化詞。它和"晒"有時可以互換，但没有競爭關係。用"了"做全稱量化詞的粵語方言並不多，集中在粵西化州、廉江一帶。那些方言都不用"晒"和"齊"。

　　第四，爲什麽全稱量化詞和完整體助詞很多時候使用同一形式？答：因爲全稱量化詞往往來自"完結"義動詞，而"完結"義動詞正好也是完整體助詞最主要的源頭。換言之，全稱量化詞和完整體助詞都和"完結"義動詞有密切的關係。至於全稱量化詞本身能不能直接演變爲體貌助詞？還有待進一步研究。

引用文獻

Aikhenvald, Alexandra Y. 2006. Grammars in contact: a cross-linguistic perspective. *Grammars in Contact: A Cross-linguistic Typology*, eds. by Alexandra Y. Aikhenvald & R. M. W. Dixon, 1—66. Oxford: Oxford University Press.

Aikhenvald, Alexandra Y. & R. M. W. Dixon. 2001. Introduction. *Areal Diffusion and Genetic Inheritance: Problems in Comparative Linguistics*, eds. by Alexandra Y. Aikhenvald & R. M. W. Dixon, 1—26. Oxford: Oxford University Press.

Ansaldo, Umberto. 2004. Contact, typology and the speaker: the essentials of language. *Language Sciences* 26:485—494.

Ansaldo, Umberto. 2009. *Contact Languages: Ecology and Evolution in Asia*. Cambridge: Cambridge University Press.

Auwera, Johan van der & V. A. Plungian. 1998. Modality's semantic map. *Linguistic Typology* 2:79—124.

Auyeung, Benjamin W. -H. 歐陽偉豪. 1998.《也談粵語"哂"的量化表現特徵》,《方言》1998. 1:57—62。

Bai, Wanru 白宛如. 1985.《南寧白話的[ɬai³³]與廣州話的比較》,《方言》1985. 2:140—145。

Bai, Wanru 白宛如. 1998.《廣州方言詞典》。南京:江蘇教育出版社。

Ball, James Dyer. 1883. *Cantonese Made Easy*. Hong Kong: China Mail Office.

Ball, James Dyer. 1907. *Cantonese Made Easy* (3rd Edition). Hong Kong: Kelly & Walsh Limited.

Ball, James Dyer. 1912. *How to Speak Cantonese* (4th Edition). Hong Kong/Shanghai/Singapore/Yokohama: Kelly & Walsh Limited.

Ban, Chao 班弨. 2006.《論漢語中的台語底層》。北京：民族出版社。

Bauer, Robert. 1996. Identifying the Tai substratum in Cantonese. *Pan-Asiatic Linguistics: Proceedings of the Fifth International Symposium on Language and Linguistics*, volume 5, 1806 — 1844. Salaya: Institute of Language and Cultural for Rural Development, Mahidol University.

Bauer, Robert & Paul Benedict. 1997. *Modern Cantonese Phonology*. Berlin/New York: Mouton de Gruyter.

Bilmes, Leela. 1995. The grammaticalization of Thai 'come' and 'go'. *Proceedings of the 21st Annual Meeting of the Berkeley Linguistic Society: Special Session on Discourse in Southeast Asian Languages*, 33 — 46.

Bisang, Walter. 2004. Grammaticalization without coevolution of form and meaning: the case of tense-aspect-modality in East and Mainland Southeast Asia. *What Makes Grammaticalization? — A Look from Its Fringes and Its Components*, eds. by Walter Bisang, Nikolaus Himmelmann & Björn Wiemer,

109－138. Berlin:Mouton de Gruyter.

Bonney,Samuel W. 1854. *A Vocabulary with Colloquial Phrases of the Canton Dialect*. Canton:Office of the Chinese Repository.

Bridgman, E. C. 1841. *A Chinese Chrestomathy in the Canton Dialect*. Macao:S. W. Williams.

Bybee,Joan,Revere Perkins & William Pagliuca. 1994. *The Evolution of Grammar:Tense,Aspect,and Modality in the Languages of the World*. Chicago/London:Chicago University Press.

Campbell, Lyle. 2002. Areal linguistics:a closer scrutiny. *Linguistic Areas:Convergence in Historical and Typological Perspective*,eds. by Yaron Matras, April McMahon & Nigel Vincent,1－31. Basingstoke/New York:Palgrave Macmillan.

Cao,Guangqu 曹廣衢. 1994.《壯侗語趨向補語的起源和發展》,《民族語文》1994. 4:35－40。

Cao,Guangshun 曹廣順. 1995.《近代漢語助詞》。北京:語文出版社。

Central Institute for Nationalities 中央民族學院苗瑤語研究室. 1987.《苗瑤語方言詞匯集》。北京:中央民族學院出版社。

Central Institute for Nationalities 中央民族學院少數民族語言研究所第五研究室. 1995.《壯侗語族語言詞匯集》。北京:中央民族學院出版社。

Chang,Song-Hing 張雙慶. 1996.《香港粵語動詞的體》,收錄於張雙慶主編《動詞的體》,頁 143－160。香港:香港中文大學中國文化研究所吳多泰中國語文研究中心。

Chang,Song-Hing 張雙慶. 2000.《香港粵語的介詞》,收錄於李如龍、張雙慶主編《介詞》,頁 236－244。廣州:暨南大學出版社。

Chang,Song-Hing & Rulong Li 張雙慶、李如龍. 1992.《閩粵方言的"陽入對轉"派生詞》,《中國語文研究》10:119－128。

Chao,Yuen Ren 趙元任. 1926.《北京、蘇州、常州語助詞的研究》,《清華學報》3.2:865－918。

Chao,Yuen Ren. 1968. *A Grammar of Spoken Chinese*. Berkeley:University of California Press. 中譯本:趙元任著. 2010.《漢語口語語法》,呂叔湘譯。北京:商務印書館。

Chappell,Hilary. 1992. Towards a typology of aspect in Sinitic languages. *Chinese Languages and Linguistics I :Chinese Dialects*, 67 － 106. Taipei:Institute of History and Philology, Academia Sinica.

Chappell,Hilary. 2015. Linguistic areas in China for differential object marking,passive,and comparative constructions. *Diversity in Sinitic Languages*, ed. by Hilary Chappell,13－52. Oxford:Oxford University Press.

Chappell,Hilary. 2017. Languages of China in their East and Southeast Asian Context. *The Cambridge Handbook of Areal Linguistics*, ed. by Raymond Hickey, 651 － 676. Cambridge: Cambridge University Press.

Chappell,Hilary & Alain Peyraube. 2011. Grammaticalization in Sinitic Languages. *The Oxford Handbook of Grammaticalization*, eds. by Heiko Narrog & Bernd Heine,786－796. Oxford & New York:Oxford University Press.

Chen,Baoya 陳保亞. 2005.《語言接觸導致漢語方言分化的兩種模式》,《北京大學學報》(哲學社會科學版)42.2:43－50。

Chen, Hailun & Lianjin Li(eds.)陳海倫、李連進編. 2005.《廣西語言文字使用問題調查與研究》。南寧：廣西教育出版社。

Chen, Qianrui 陳前瑞. 2008.《漢語體貌研究的類型學視野》。北京：商務印書館。

Chen, Weiqiang 陳衛強. 2011.《廣東從化粤方言表方式的後置虛成分"取"》,《中國語文》2011.5:436—438。

Chen, Xiaoyan 陳小燕. 2007.《多族群語言的接觸與交融——賀州本地話研究》。北京：民族出版社。

Chen, Zeping 陳澤平. 1992.《試論完成貌助詞"去"》,《中國語文》1992.2:143—146。

Cheung, Samuel H-N. 1997. Completing the completive:(Re)constructing early Cantonese grammar. *Studies on the History of Chinese Syntax*, ed. by Chaofen Sun, 133—165. Journal of Chinese Linguistics Monograph Series No. 10. Berkeley: Project on Linguistic Analysis.

Cheung, Samuel H-N. 張洪年. 1972/2007.《香港粤語語法的研究》(增訂版)。香港：中文大學出版社。

Chin, Andy C. & Benjamin K. Tsou 錢志安、鄒嘉彥. 2006.《從海南島三亞邁話探索粤語"動—補"結構的發展》,"第十四屆國際中國語言學學會年會暨第十屆中國境內語言暨語言學國際研討會聯合會議"宣讀論文。台北：中研院語言所。

Chin, Andy C. & Benjamin K. Tsou. 2013. The development of VOC to VCO in Mai-Cantonese of Sanya in Hainan. *Breaking Down the Barriers：Interdisciplinary Studies in Chinese Linguistics and Beyond*, eds. by Guangshun Cao, Hilary Chappell, Redouane Djamouri & Thekla Wiebusch, 817—830. Taipei：Institute of Linguistics，Academia Sinica.

de Sousa，Hilário. 2015a. The Far Southern Sinitic languages as parts ofpart of Mainland Southeast Asia. *The Languages of Mainland Southeast Asia—The State of Art*，eds. by N. J. Enfield & Bernard Comrie，356—439. Berlin/Boston：De Gruyter Mouton.

de Sousa，Hilário. 2015b. Language contact in Nanning：Nanning Pinghua and Nanning Cantonese. *Diversity in Sinitic Languages*，ed. by Hilary Chappell，157 — 189. Oxford：Oxford University Press.

Deng，Xiaohua 鄧曉華. 1999.《福建境内的閩、客族群及畬族的語言文化關係比較之試論》,《國立民族學博物館研究報告》24. 1：107—140。

Deng，Yurong 鄧玉榮. 2008.《廣西壯族自治區各民族語言間的相互影響》,《方言》2008. 3：204—215。

Dixon，R. M. W. 1997. *The Rise and Fall of Languages*. Cambridge：Cambridge University Press.

Djamouri，Redouane & Waltraud Paul. 2006. Grammaticalization and the role of serial verb construction in Chinese historical syntax. Paper presented at the "14th Annual Meeting of the International Association of Chinese Linguistics"(IACL—14). Taipei：Institute of Linguistics，Academia Sinica.

Dong，Hongming 董紅明. 2009.《四川梓潼話表動作方式的"過"》,《中國語文》2009. 4：371—373。

Dong，Xiufang 董秀芳. 2009.《趨向詞走向何方：來自漢語歷史和方言的證據》,"漢語'趨向詞'之歷史與方言類型研討會"暨"第六屆海峽兩岸語法史研討會"宣讀論文。台北：中研院語言所。

Dong,Zhengcun 董正存.2011.《從"完結"到"周遍"》,收錄於吳福祥、張誼生主編《語法化與語法研究［五］》,頁75－93。北京：商務印書館。

Du,Yi 杜軼.2007.《"得＋VP"結構在魏晉南北朝的發展 — 兼談"V得C"結構的來源問題》,收錄於沈家煊、吳福祥、李宗江主編《語法與語法化研究［三］》,頁1－35。北京：商務印書館。

Emeneau,Murray B. 1956. India as a linguistic area. *Language* 32：3－16.

Enfield,Nick J. 2001. On genetic and areal linguistics in Mainland South-East Asia：parallel polyfunctionality of "acquire". *Areal Diffusion and Genetic Inheritance：Problems in Comparative Linguistics*, eds. by Alexandra Y. Aikhenvald & R. M. W. Dixon,255－290. Oxford：Oxford University Press.

Enfield,Nick J. 2003. *Linguistic Epidemiology：Semantics and Grammar of Language Contact in Mainland Southeast Asia*. London/New York：Routledge Curzon.

Enfield,Nick J. 2007. *A Grammar of Lao*. Berlin/New York：Mouton de Gruyter.

Feng,Li 馮力.2003.《中古漢語動態助詞"却（去）"在現代方言中的表現》,收錄於戴昭銘主編《漢語方言語法研究和探索——首屆漢語方言語法學術研討會論文集》,頁96－101。哈爾濱：黑龍江人民出版社。

Feng,Ying 馮英.2005.《壯侗語帶後附音節的複音動詞》,《民族語文》2005.5：45－49。

Fox,Anthony. 1995. *Linguistic Reconstruction：An Introduction to Theory and Method*. Oxford/New York: Oxford University Press.

Fulton, Andrew A. 1888. *Progressive and Idiomatic Sentences in Cantonese Colloquial*. Hong Kong: Kelly & Walsh.

Fulton Andrew A. 1931. *Progressive and Idiomatic Sentences in Cantonese Colloquial*. Hong Kong/Shanghai/Singapore: Kelly & Walsh.

Gerner, Matthias. 2004. Expressives in Kam(Dong 侗): A study in sign typology(Part 1). *Cahiers de Linguistique-Asie Orientale* 33. 2:159—202.

Gerner, Matthias. 2005. Expressives in Kam(Dong 侗): A study in sign typology(Part 2). *Cahiers de Linguistique-Asie Orientale* 34. 1:25—67.

Gong, Hwang-Cherng 龔煌城. 2003.《從原始漢藏語到上古漢語以及原始藏緬語的韻母演變》,收錄於何大安主編《古今通塞:漢語的歷史與發展》,頁 187—223。台北:中研院語言所籌備處,2003 年。

Gong, Hwang-Cherng 龔煌城. 2006.《漢語與苗瑤語同源關係的檢討》,《中國語言學集刊》1. 1:255—270。

Hagège, Claude. 1993. *The Language Builder: An Essay on the Human Signature in Linguistic Morphogensis*. Amsterdam: John Benjamins.

Harris, Alice & Lyle Campbell. 1995. *Historical Syntax in Cross-Linguistic Perspective*. Cambridge: Cambridge University Press.

Haspelmath, Martin. 2001. The European linguistic area: Standard Average European. *Language Typology and Language Universals：An International Handbook*, eds. by Martin Haspelmath et al., volume 2, 1492－1510. Berlin：Mouton de Gruyter.

Heine, Bernd. 2002. On the role of context in grammaticalization. *New Reflection on Grammaticalization*, eds. by Ilse Wischer & Gabriele Diewald, 83－101. Amsterdam/Philadelphia：John Benjamins.

Heine, Bernd, Ulrike Claudi & Friederike Hünnemeyer. 1991. *Grammaticalization：A Conceptual Framework*. Chicago/London：The University of Chicago Press.

Heine, Bernd & Tania Kuteva. 2002. *World Lexicon of Grammaticalization*. Cambridge：Cambridge University Press.

Heine, Bernd & Tania Kuteva. 2005. *Language Contact and Grammatical Change*. Cambridge：Cambridge University Press.

Heine, Bernd & Tania Kuteva. 2010. Contact and grammaticalization. *The Handbook of Language Contact*, ed. by Raymond Hickey, 86－105. Chicester：Wiley-Blackwell.

Ho, Dah-an 何大安. 1987.《聲韻學中的觀念與方法》。台北：大安出版社。

Hong, Bo 洪波. 2004.《壯語與漢語的接觸史及接觸類型》,收録於石鋒、沈鍾偉主編《樂在其中：王士元教授七十華誕慶祝文集》,頁 104－120。天津：南開大學出版社。

Hong, Bo & Feng Gu 洪波、谷峰. 2005.《唐宋時期"取"的兩種虛詞用法的再探討》,《漢語史學報》5：91－98。

Hopper, Paul. 1991. On some principles of grammaticization. *Approaches to Grammaticalization*, eds. by Elizabeth C. Traugott & Bernd Heine, 17—35. Amsterdam: John Benjamins.

Hopper, Paul & Elizabeth C. Traugott. 2003. *Grammaticalization* (2nd edition). Cambridge: Cambridge University Press.

Hu, Chirui 胡敕瑞. 2006.《"去"之"往/至"義的產生過程》,《中國語文》2006.6:520—530。

Huang, Borong 黃伯榮. 1996.《漢語方言語法類編》。青島:青島出版社。

Huang, Gugan 黃谷甘. 1993.《粵語詞匯中"陽入對轉"同義詞的語義辨析》,收錄於鄭定歐主編《廣州話教學與研究》,頁 114—118。廣州:中山大學出版社。

Huang, Gugan & Rulong Li 黃谷甘、李如龍. 1987/1996.《海南島的邁話——一種混合型方言》,收錄於李如龍《方言與音韻論集》,頁 357—368。香港:香港中文大學中國文化研究所吳多泰中國語文研究中心。

Huang, Yang 黃陽. 2010.《靖西壯語語法》。南寧:廣西大學碩士學位論文。

Huang, Yang 黃陽. 2012.《南寧粵語多功能語素"晒"體貌標記功能的發展》。"第十七屆國際粵方言研討會"宣讀論文。廣州:暨南大學。

Huang, Yang. 2014. *Synchronic Variation, Grammaticalization and Language Contact: The Development of the Finish Morpheme in the Yue-Chinese and the Zhuang Languages in the Guangxi Region*. Hong Kong: City University of Hong Kong Dissertation.

Huang, Yang & Bit-Chee Kwok 黃陽、郭必之. 2013.《方式助詞在廣西漢語方言和壯侗語中的擴散：源頭、過程及啟示》,收錄於石鋒、彭剛主編《大江東去：王士元教授八十歲賀壽論文集》,頁 521－540。香港：香港城市大學出版社。

Huang, Yang & Fuxiang Wu. 2018. Central Southern Guangxi as a grammaticalization area. *New Trends in Grammaticalization and Language Change*, eds. by Sylvie Hancil, Tine Breban & José Vincente Lozano, 105－134. Amsterdam/Philadelphia: John Benjamins.

Huang, Yong 黃勇. 1995.《李樹侗話輔音尾的演變規律》,《民族語文》1995. 2:48－54。

Iwasaki, Shoichi & Preeya Ingkaphirom. 2005. *A Reference Grammar of Thai*. Cambridge: Cambridge University Press.

Jagacinski, N. 1992. The /ʔau/usages in Thai. *Papers on Tai Languages, Linguistics and Literatures*, eds. by C. J. Compton & J. F. Hartmann, 118－138. DeKalb, Illinois: Center for Southeast Asian Studies, Northern Illinois University.

Jiang, Shaoyu 蔣紹愚. 2005.《古漢語詞匯綱要》。北京：商務印書館。

Kwok, Bit-Chee 郭必之. 2005.《粵方言能性述補結構發展的幾點觀察》,收錄於鄧景濱、湯翠蘭主編《第九屆國際粵方言研討會論文集》,頁 271－277。澳門：澳門中國語文學會。

Kwok, Bit-Chee. 2006. The role of language strata in language evolution: three Hainan Min dialects. *Journal of Chinese Linguistics* 34. 2:201－219.

Kwok, Bit-Chee 郭必之. 2007.《漢語方言關係詞的類型及相關問題》，收錄於李雄溪、郭鵬飛、陳遠止編《耕耨集：漢語與經典論集》，頁 357－403。香港：商務印書館。

Kwok，Bit-Chee 郭必之．2010a．《語言接觸中的語法變化：南寧粵語"述語 ＋ 賓語 ＋ 補語"結構的來源》，*Diachronic Change and Language Contact－Dialects in South East China*，eds. by Hung-Nin Samuel Cheung & Song-Hing Chang，201－216. *Journal of Chinese Linguistics* Monograph Series No. 24. Hong Kong：The Chinese University Press of Hong Kong.

Kwok，Bit-Chee 郭必之．2010b．《語言接觸的兩種類型——以桂中地區諸語言述補結構帶賓語的語序爲例》，收錄於潘悟雲、沈鍾偉主編《研究之樂——慶祝王士元先生七十五壽辰論文集》，頁 143－154。上海：上海教育出版社。

Kwok，Bit-Chee 郭必之．2012．《從南寧粵語的狀貌詞看漢語方言與民族語言的接觸》，《民族語文》2012.3：16－24。

Kwok，Bit-Chee 郭必之．2014．《南寧地區語言"去"義語素的語法化與接觸引發的"複製"》，《語言暨語言學》15.5：663－697。

Kwok，Bit-Chee 郭必之．2016．《原始粵語怎麼樣表達事件的完成？》，《東方語言學》15：41－50。

Kwok，Bit-Chee，Andy C. Chin & Benjamin K. Tsou. 2011. Polyfunctionality of the preverbal "acquire" in the Nanning Yue dialect of Chinese：an areal perspective. *Bulletin of the School of Oriental and African Studies* 74.1：119－137.

Kwok，Bit-Chee，Andy C. Chin & Benjamin K. Tsou. 2016. Grammatical diversity across the Yue dialects. *Journal of Chinese Linguistics* 44.1：109－152.

Kwok，Bit-Chee & Peppina P-L. Lee 郭必之、李寶倫．2015．《粵語

方言三個全稱量化詞的來源和語法化》，收錄於吳福祥、汪國勝
　　主編《語法與語法化研究［七］》，頁 25－56。北京：商務印書館。

Kwok，Bit-Chee & Huayong Lin 郭必之、林華勇. 2012.《廉江粵
　　語動詞後置成份"倒"的來源和發展 —— 從語言接觸的角度爲切
　　入點》，《語言暨語言學》13.2：289－320。

Lai，Yik-Po 黎奕葆. 2015.《香港粵語雙音節狀貌後綴的音韻特
　　色》，《語言暨語言學》16.5：691－729。

Lamarre，Christine 柯理思. 2002.《漢語方言裏連接趨向成分的形
　　式》，《中國語文研究》2002.1：26－44。

Lamarre，Christine 柯理思. 2003.《漢語空間位移事件的語言表
　　達——兼論述趨式的幾個問題》，《現代中國語研究》5：1－18。

LaPolla，Randy. 2001. The role of migration and language contact
　　in the development of Sino-Tibetan language family. *Areal
　　Diffusion and Genetic Inheritance：Problems in Comparative
　　Linguistics*，eds. by Alexandra Y. Aikhenvald & R. M. W. Dix-
　　on，225－254. Oxford：Oxford University Press.

Lee，Peppina P-L. 2012. *Cantonese Particles and Affixal Quanti-
　　fication*. Dordrecht：Springer.

Lee，Thomas H-T. 李行德. 1994.《粵語"晒"的邏輯特點》，收錄於
　　單周堯主編《第一屆國際粵方言研討會論文集》，頁 131－138。
　　香港：現代教育研究社。

Lei，Margaret K-Y. & Thomas H-T. Lee. 2013. The semantic
　　properties of *saai*3 in quantifying nominals and predicates：
　　how it differs from aspectual and phase markers，paper presen-
　　ted at the "13th Workshop on Cantonese"（WOC－13）. Hong
　　Kong：The Hong Kong Baptist University.

Li,Fang-Kuei 李方桂. 1940/2005a.《龍州土語》。北京:清華大學出版社重印本。

Li,Fang-Kuei 李方桂. 1956/2005b.《武鳴土話》。北京:清華大學出版社重印本。

Li,Fang-Kuei. 1977a. *A Handbook of Comparative Tai*. Honalulu:The University of Hawai'i Press.

Li,Fang-Kuei 李方桂. 1977b/2005c.《莫話記略‧水話研究》。北京:清華大學出版社重印本。

Li,Jinfang 李錦芳. 1990.《粵語中的壯侗語族語言底層初析》,《中央民族學院學報》1990.6:71—76。

Li,Jinfang 李錦芳. 1999.《布央語研究》。北京:中央民族大學出版社。

Li,Jinfang 李錦芳. 2000.《粵語西漸及與壯侗語接觸的過程》,收錄於單周堯、陸鏡光主編《第七屆國際粵方言研究會論文集》,頁 62—75。北京:商務印書館。

Li,Lianjin 李連進. 2005.《勾漏片的方言歸屬》,《民族語文》2005.1:34—41。

Li,Ming 李明. 2004.《趨向動詞"來/去"的用法及其語法化》,《語言學論叢》24:291—313。

Li,Ming 李明. 2017.《漢語助動詞的歷史演變研究》。北京:商務印書館。

Li,Rulong 李如龍. 1984/1996.《閩方言與苗、壯、傣、藏諸語言的動詞特式重疊》,收錄於李如龍《方言與音韻論集》,頁 288—297。香港:香港中文大學中國文化研究所吳多泰中國語文研究中心。

Li,Rulong 李如龍. 2000/2001.《閩粵方言的不同文化特徵》,收錄於李如龍《漢語方言的比較研究》,頁 227－238。北京:商務印書館。

Li,Rulong 李如龍. 2005.《關於東南方言的"底層"研究》,《民族語文》2005.5:1－15。

Li,Rulong & Song-Hing Chang 李如龍、張雙慶. 1992.《客贛方言調查報告》。廈門:廈門大學出版社。

Li,Sixu 李思旭. 2010.《全稱量化和部分量化的類型學研究》,收錄於徐丹主編《量與複數的研究——中國境內語言的跨時空考察》,頁 329－368。北京:商務印書館。

Li,Xinkui et al. 李新魁等. 1995.《廣州方言研究》。廣州:廣東人民出版社。

Li,Yunbing 李雲兵. 2006.《苗語重疊式的構成形式、語義和句法結構特徵》,《語言科學》5.2:85－103。

Li,Zongjiang 李宗江. 2004.《"完成"類動詞的語義差別及其演變方向》,《語言學論叢》30:147－168。

Liang,Gan 梁敢. 2010.《壯語體貌範疇研究》。北京:中央民族大學博士學位論文。

Liang,Min & Junru Zhang 梁敏、張均如. 1997.《臨高語研究》。上海:上海遠東出版社。

Liang,Yinfeng 梁銀峰. 2007.《漢語趨向動詞的語法化》。上海:學林出版社。

Liang,Yinfeng et al. 梁銀峰、吳福祥、貝羅貝. 2008.《漢語趨向補語的產生與演變》,《歷史語言學研究》1:164－181。

Lien,Chinfa 連金發. 1995.《台灣閩南語的完結時相詞試論》,收錄於曹逢甫、蔡美慧主編《台灣閩南語論文集》,頁 121－140。台北:文鶴出版有限公司。

Lin,Yi 林亦. 2009.《武鳴羅波壯語的被動句》,《民族語文》2009.6:10－16。

Lin,Yi & Fengyu Qin 林亦、覃鳳余.2008.《廣西南寧白話研究》。桂林:廣西師範大學出版社。

Liu,Danqing 劉丹青.1996.《東南方言的體貌標記》,收錄於張雙慶主編《動詞的體》,頁9－33。香港:香港中文大學中國文化研究所吳多泰中國語文研究中心。

Liu,Danqing 劉丹青.2002.《漢藏語言的若干語序類型學課題》,《民族語文》2002.5:1－11。

Liu,Danqing 劉丹青.2011.《漢語史語法類型特點在現代方言中的存廢》,《語言教學與研究》2011.4:28－38。

Liu,Li 劉利.2000.《先秦漢語助動詞研究》。北京:北京師範大學出版社。

Lu,Tianqiao 陸天橋.1988.《壯語母音象義現象試析》,《民族語文》1988.4:48－50。

Lu,Tianqiao. 2008. *A Grammar of Maonan*. Boca Raton: Universal Publishers.

Luke,Kang-kwong 陸鏡光.1999.《粵語"得"字的用法》,《方言》1999.3:215－220。

Luo,Meizhen 羅美珍.1984.《傣語長短元音和輔音韻尾的變化》,《民族語文》1984.6:20－25。

Luo,Meizhen 羅美珍.2008.《傣語方言研究(語法)》。北京:民族出版社。

Luo,Yongxian. 1990. *Tense and Aspect in Zhuang :a Study of a Set of Tense and Aspect Markers*. Canberra: Australian National University M. A. Dissertation.

Luo, Yongxian. 2008. Zhuang, *The Tai-Kadai Languages*, eds. by Anthony Diller, Jerold Edmondson & Yongxian Luo, 317—377. London/New York: Routledge.

Ma, Wenyan 馬文妍. 2011.《柳江壯語語法研究》。南寧：廣西大學碩士學位論文。

Mai, Yun 麥耘. 2009.《從粵語的産生和發展看漢語方言形成的模式》,《方言》2009.3:219—232。

Mai, Yun 麥耘. 2010.《粵語的形成、發展與粵語和平話的關係》，收録於潘悟雲、沈鍾偉主編《研究之樂——慶祝王士元先生七十五壽辰學術論文集》，頁 227—243。上海：上海教育出版社。

Mao, Zongwu 毛宗武. 2004.《瑤族勉語方言研究》。北京：民族出版社。

Mao, Zongwu et al. 毛宗武、蒙朝吉、鄭宗澤. 1982.《瑤族語言簡志》,北京：民族出版社。

Matras, Yaron. 2009. *Language Contact*. Cambridge: Cambridge University Press.

Matthews, Stephen. 2006. Cantonese grammar in areal perspective. *Grammars in Contact: A Cross-Linguistic Typology*, eds. by Alexandra Y. Aikhenvald & R. M. W. Dixon, 220—236. Oxford: Oxford University Press.

Matthews, Stephen & Virginia Yip. 1994. *Cantonese: A Comprehensive Grammar*. London: Routledge.

Matthews, Stephen & Virginia Yip. 2009. Contact-Induced grammaticalization: evidence from bilingual acquisition. *Studies in Language* 33.2:366—395.

Mei, Tsu-Lin & Hwang-Cherng Gong 梅祖麟、龔煌城. 1992.《上

古音對談錄》,《中國境内語言暨語言學[一]:漢語方言》,頁665－719。台北:中研院史語所。

Mei,Tsu-Lin & Hsiu-Fang Yang 梅祖麟、楊秀芳. 1995.《幾個閩語語法成份的時間層次》,《中研院歷史語言研究所集刊》66.1:1－21。

Mo,Hua 莫華. 1993.《試論"晒"與"埋"的異同》,收錄於鄭定歐、周小兵主編《廣州話研究與教學》,頁74－84。廣州:中山大學出版社。

Morrison,Robert. 1828. *Vocabulary of the Canton Dialect*. Macao:East India Company's Press.

Ōta,Tatsuo 太田辰夫. 1958/2003.《中國語歷史文法》(修訂譯本),蔣紹愚、徐昌華譯。北京:北京大學出版社。

Ouyang,Jueya 歐陽覺亞. 1995.《兩廣粤方言與壯語的種種關係》,《民族語文》1995.6:49－52。

Ouyang,Jueya & Yiqing Zheng 歐陽覺亞、鄭貽青. 1983.《黎語調查研究》。北京:中國社會科學出版社。

Palmer, F. R. 2001. *Mood and Modality* (2nd Edition). Cambridge:Cambridge University Press.

Pan,Wuyun 潘悟雲. 2004.《語言接觸與漢語南方方言的形成》,收錄於鄒嘉彦、游汝杰主編《語言接觸論集》,298－318。上海:上海教育出版社。

Pan,Wuyun 潘悟雲. 2005.《客家話的性質——兼論南方漢語方言的形成歷史》,《語言研究集刊》2:18－29。

Pan,Yanhong & Adams Bodomo 潘艷紅、博艾敦. 2012.《欽州壯語 au^{44} 的詞類與語法功能》,《漢藏語學報》6:163－172。

Pan,Yunzhong 潘允中. 1980.《漢語動補結構的發展》,《中國語文》1980.1:53—60。

Partee,Barbara H. 1995 Quantificational structures and composi-
tionality. *Quantification in Natural Languages*, eds. by Em-
mon Bach et al. ,541—601. Dordrecht:Kluwer Academic.

Peking University 北京大學. 1995.《漢語方言詞匯》(第二版)。
北京:語文出版社。

Peng,Xiaochuan 彭小川. 2010.《廣州話助詞研究》。廣州:暨南大
學出版社。

Peyraube,Alain. 1996. Recent issues in Chinese historical syn-
tax. *New Horizons in Chinese Linguistics*, eds. by C.-T.
James Huang & Y.-H. Audrey Li,161—213. Dordrecht/Bos-
ton/London:Kluwer Academic Publishers.

Peyraube,Alain. 1999. On the modal auxiliaries of possibility in
Classical Chinese. *Selected Papers from the Fifth Internation-
al Conference on Chinese Linguistics*, eds. by H. Samuel
Wang,Feng-Fu Tsao & Chin-Fa Lien,27—52. Taipei:Crane
Publishing.

Peyraube,Alain. 2006. Motion events in Chinese:A diachronic
study of directional complements. *Space in Language:Lin-
guistic Systems and Cognitive Categories*,eds. by Maya Hick-
mann & Stéphane Robert,121—135. Amsterdam/Philadel-
phia:John Benjamins.

Peyrayube,Alain & Dan Xu 貝羅貝、徐丹. 2009.《漢語歷時語法
與類型學》,《歷史語言學研究》2:1—10。

Pulleyblank,Edwin G. 1995. *Outline of Classical Chinese Gram-
mar*. Vancouver:UBC Press.

Qian,Dianxiang 錢奠香. 2002.《海南屯昌閩語語法研究》。昆明：
雲南大學出版社。

Qin,Dongsheng 覃東生. 2007.《賓陽話語法研究》。南寧：廣西大
學碩士學位論文。

Qin,Dongsheng 覃東生. 2012.《對廣西三個區域性語法現象的考
察》。石家莊：河北師範大學博士學位論文。

Qin,Dongsheng & Fengyu Qin 覃東生、覃鳳余. 2018.《廣西漢、
壯方言的方式助詞和取捨動詞》,《中國語文》2018.5：575
—587。

Qin,Fengyu 覃鳳余. 2007.《漫談廣西漢語方言語法的調查與研
究——以"去"爲例》。香港：香港城市大學語言資訊科學中心
座談會論文。

Qin,Fengyu et al. 覃鳳余、黃陽、陳芳. 2010.《也談壯語否定句的
語序》,《民族語文》2010.1：13—21。

Qin,Fengyu & Chunlai Tian 覃鳳余、田春來. 2011.《廣西漢壯語
方言的"嘥"》,《民族語文》2011.5：26—36。

Qin,Guosheng 覃國生. 1981.《壯語柳江話動詞、形容詞的後附成
分》,《民族語文》1981.4：51—56。

Qin,Guosheng 覃國生. 1996.《壯語方言概論》。南寧：廣西民族
出版社。

Qin,Yuanxiong et al. (eds.)覃遠雄、韋樹關、卞成林編. 1997.《南
寧平話詞典》。南京：江蘇教育出版社。

Sagart,Laurent. 2001. Nanxiong and Hakka. *Fangyan* 2001.2：
142—151.

Sagart,Laurent. 2002. Gan,Hakka and the formation of Chinese
dialects,*Dialect Variations in Chinese：Papers from the Third*

International Conference on Sinology, *Linguistic Section*, ed. by Dah-an Ho, 129－153. Taipei: Institute of Linguistics(Preparatory Office), Academia Sinica.

Sapir, Edward. 1921. *Language*. New York: Harcourt Brace.

Shen, Zhongwei 沈鍾偉. 2007.《語言轉換和方言底層》,收錄於丁邦新主編《歷史層次與方言研究》,頁 106－134。上海:上海教育出版社。

Shi, Qin 石毓. 2010.《漢語形容詞重疊形式的歷史發展》。北京:商務印書館。

So, Lydia K. H. & Godfrey Harrison. 1996. A set of Cantonese trisyllabic phrases to use in learning or teaching Cantonese. *Journal of the Chinese Language Teachers Association* 31. 1: 41－56.

Stedman, T. L. & K. P. Lee. 1888. *A Chinese and English Phrase Book in the Canton Dialect*. New York: William R. Jenkins Co.

Strecker, David. 1990. Tai languages. *The Major Languages of East and South-east Asia*, ed. by Bernard Comrie, 19－28. London: Routledge.

Sun, Chaofen. 1996. *Word-order Change and Grammaticalization in the History of Chinese*. Stanford: Stanford University Press.

Sun, Hongkai et al. (eds.)孫宏開、胡增益、黃行主編. 2007.《中國的語言》。北京:商務印書館。

Sun, Jackson T-S. & Danluo Shi 孫天心、石丹羅. 2004.《草登嘉戎語的狀貌詞》,《民族語文》2004. 5:1－11。

Sun,Jingtao 孫景濤. 2008.《古漢語重疊構詞法研究》。上海：上海教育出版社。

Sun,Zhanlin 孫占林. 1991.《"去"的"往"義的産生》,《古漢語研究》1991. 3：29—31,17。

Sybesma,Rint. 2008. Zhuang：a Tai language with some Sinitic characteristics. Post-verbal "can"in Zhuang, Cantonese, Vietnames and Lao. *From Linguistic Areas to Areal Linguistics*, ed. by Pieter Muysken, 221 — 274. Amsterdam/Philadelphia：John Benjamins.

Talmy, Leonard. 2000. *Towards a Cognitive Semantics*. Cambridge,Mass. / London：MIT Press.

Tang, Sze-Wing. 1996. A role of lexical quantifiers. *Studies in the Linguistic Sciences* 26. 1/2：307—23.

Tang,Sze-Wing 鄧思穎. 2015.《粵語語法講義》。香港：商務印書館。

Thomason,Sarah. 2001. *Language Contact*. Washington D. C. ：Georgetown University Press.

Traugott,Elizabeth C. 1989. On the rise of epistemic meanings in English：an example of subjectification in semantic change. *Language* 65：31—55.

Tsou,Benjamin K. 1978. Sound symbolism and some socio- and historical linguistic implications of linguistic diversity in Sino-Tibetan languages. *Cahiers de Linguistique-Asie Orientale* 3：67—76..

Tsou,Benjamin K. 1979. Homorganic nasal/stop alternations in Cantonese. *Studies in Tai and Mon-Khmer Phonetics and*

Phonology: In Honour of Eugénie J. A. Henderson, eds. by Theraphan L. Thongkum et al., 290－311. Bangkok：Chulalongkorn University Press.

Tsou, Benjamin K. et al. 鄒嘉彥等. 2009.《廣西地區"語言飄離"和"語言轉移"現象與語言瀕危探索》。"瀕危方言學術研討會"宣讀論文。廣州：中山大學。

Tsou, Benjamin K. et al. 鄒嘉彥、錢志安、郭必之. 2015.《再談華南地區語言接觸——從社會語言學的角度看詞匯演變及語法演變》,收錄於洪波、吳福祥、孫朝奮主編《梅祖麟教授八秩壽慶學術論文集》,頁 127－141。北京：首都師範大學出版社。

Wang, Chin-Huei 王錦慧. 2004.《"往""來""去"歷時演變綜論》。台北：里仁書局。

Wang, Fushi & Zongwu Mao 王輔世、毛宗武. 1995.《苗瑤語古音構擬》。北京：中國社會科學出版社。

Wang, Futang 王福堂. 2005.《漢語方言語音的演變和層次》(修訂本)。北京：語文出版社。

Wang, Guoshuan 王國栓. 2003.《"去"從離義到往義的變化試析》,《語言學論叢》27：324－328。

Wang, Jun. 1991. Language interaction in China. *Languages and Dialects of China*, ed. by William S-Y. Wang, 161－186. Journal of Chinese Linguistic Monograph Series No. 3. Berkeley：Project on Linguistic Analysis.

Wang, Jun et al. 王均等. 1984.《壯侗語族語言簡志》。北京：民族出版社。

Wei, Jingyun et al. 韋景雲、何霜、羅永現. 2011.《燕齊壯語參考語法》。北京：中國社會科學出版社。

Wei,Qingwen & Guosheng Qin 韋慶穩、覃國生. 1980.《壯語簡志》,北京:民族出版社。

Wiersma, Grace. 2003. Yunnan Bai. *The Sino-Tibetan Languages*,eds. by Graham Thurgood & Randy J. LaPolla,651—673. London/New York:Routledge.

Williams,Samuel Wells. 1842. *Easy Lessons in Chinese*. Macau: Office of the Chinese Repository.

Winford,Donald. 2003. *An Introduction to Contact Linguistics*. Malden,Mass. :Blackwell.

Wu,Fuxiang 吳福祥. 1999.《試論現代漢語動補結構的來源》,收錄於江藍生、侯精一主編《漢語現狀與歷史的研究:首屆漢語語言學國際研討會文集》,頁 317—345。北京:中國社會科學出版社。

Wu,Fuxiang 吳福祥. 2001.《南方方言幾個狀態補語標記的來源》(上),《方言》2001. 4:344—354。

Wu,Fuxiang 吳福祥. 2002.《南方方言幾個狀態補語標記的來源》(下),《方言》2002. 1:24—34。

Wu,Fuxiang 吳福祥. 2003a.《漢語伴隨介詞語法化的類型學研究—兼論 SVO 型語言中伴隨介詞的兩種演變模式》,《中國語文》2003. 1:43—58。

Wu,Fuxiang 吳福祥. 2003b.《南方方言能性述補結構"V 得/不 C"帶賓語的語序類型》,《方言》2003. 3:243—254。

Wu,Fuxiang 吳福祥. 2005a.《粵語能性述補結構"Neg－V 得 OC/CO"的來源》,《方言》2005. 4:306—318。

Wu,Fuxiang 吳福祥. 2005b.《漢語歷史語法研究的檢討與反思》,《漢語史學報》5:13—36。

Wu,Fuxiang 吴福祥. 2007.《關於語言接觸引發的演變》,《民族語文》2007. 2:3—23。

Wu,Fuxiang 吴福祥. 2008a.《南方語言正反問句的來源》,《民族語文》2008. 1:3—18。

Wu,Fuxiang 吴福祥. 2008b.《南方民族語言處所介詞短語位置的演變和變異》,《民族語文》2008. 6:3—18。

Wu,Fuxiang 吴福祥. 2009a.《南方民族語言動賓補語序的演變和變異》,《南開語言學刊》2009. 2:59—73。

Wu,Fuxiang 吴福祥. 2009b.《語法化的新視野——接觸引發的語法化》,《當代語言學》2009. 3:193—206。

Wu,Fuxiang 吴福祥. 2010.《漢語方言裏與趨向動詞相關的幾種語法化模式》,《方言》2010. 2:97—113。

Wu,Fuxiang 吴福祥. 2013.《區域語言學綜觀》,《歷史語言學研究》6:130—151。

Wu,Fuxiang 吴福祥. 2014.《結構重組與構式拷貝——語法結構複製的兩種機制》,《中國語文》2014. 2:99—109。

Wu,Fuxiang 吴福祥. 2016a.《複製、型變與語言區域》,《民族語文》2016. 2:3—22。

Wu,Fuxiang 吴福祥. 2016b.《廣西平話和白話的被動標記》,《長江學術》2016. 2:96—104。

Wu,Hezhong 伍和忠. 2018.《廣西漢語方言體範疇調查與研究》。北京:中國社會科學出版社。

Wu,Hsueh-Ju 巫雪如. 2018.《先秦情態動詞研究》。上海:中西書局。

Wu,Yunji. 2005. *A Synchronic and Diachronic Study of the Grammar of the Chinese Xiang Dialects*. Berlin/New York:

Mouton de Gruyter.

Wurm, Stephen A. et al. 1987. *Language Atlas of China* 《中國語言地圖集》. Hong Kong: Longman.

Xiang, Mengbing 項夢冰. 1997.《連城客家話語法研究》。北京：語文出版社。

Xie, Jianyou 謝建猷. 1994.《壯語陸西話和漢語平話、白話若干相似現象》,《民族語文》1994.5:34—40。

Xie, Jianyou 謝建猷. 2000.《廣西平話研究》。北京：中國社會科學院博士學位論文。

Xie, Jianyou 謝建猷. 2007.《廣西漢語方言研究》。南寧：廣西人民出版社。

Xing, Xiangdong 邢向東. 2011.《陝北神木話的話題標記"來"和"去"及其由來》,《中國語文》2011.6:519—626。

Xing, Zhiqun 邢志群. 2003.《漢語動詞語法化的機制》,《語言學論叢》28:93—113。

Xing, Zhiqun 邢志群. 2005.《從"就"的語法化看漢語語義演變中的"主觀化"》,收錄於沈家煊等主編《語法化與語法研究[二]》,頁 324—339。北京：商務印書館。

Xu, Dan 徐丹. 2005.《趨向動詞"來/去"與語法化——兼談"去"的詞義轉變及其機制》,收錄於沈家煊、吳福祥主編《語法與語法化研究[二]》,頁 340—358。北京：商務印書館。

Xu, Dan. 2006. *Typological Change in Chinese Syntax*. Oxford / New York: Oxford University Press.

Yang, Jingyu 楊敬宇. 2006.《清末粵方言語法及其發展研究》。廣州：廣東人民出版社。

Yang, Ping 楊平. 2001.《助動詞"得"的産生和發展》,《語言學論叢》23:122—144。

Yin, Yu 尹玉. 1957.《趨向補語的起源》,《中國語文》1957. 9:14。

Yu, Jin et al. 余瑾等. 2016.《廣西平話研究》。北京:中國社會科學出版社。

Yue(-Hashimoto), Anne O. 1988. A preliminary investigation into the subclassification problem of the Yue dialects. *Computational Analyses of Asian and African Languages* 30:7—41.

Yue(-Hashimoto), Anne O. 1991. The Yue dialect. *Languages and Dialects of China*, ed. by William S-Y. Wang, 294—324. Journal of Chinese Linguistics Monograph Series No. 3. Berkeley: Project on Linguistic Analysis.

Yue(-Hashimoto), Anne O. 1993. *Comparative Chinese Dialectal Grammar: Handbook for Investigators*. Paris: CRLAO, EHESS.

Yue(-Hashimoto), Anne O. 2001. The verb complement construction in historical perspective with special reference to Cantonese. *Sinitic Grammar: Synchronic and Diachronic Perspectives*, ed. by Hilary Chappell, 232—265. Oxford: Oxford University Press.

Yue(-Hashimoto), Anne O. 2004. Materials for the diachronic study of the Yue dialects. *The Joy of Research: A Festschrift in Honor of Professor William S-Y. Wang on His Seventieth Birthday*, eds. by Feng Shi and Zhongwei Shen, 246—271. Tianjin: Nankai University Press.

Zhang, Ding 張定. 2010.《漢語多功能語法形式的語義圖視角》。北京:中國社會科學院博士學位論文。

Zhang, Junru et al. 張均如等. 1999.《壯語方言研究》。成都：四川民族出版社。

Zhang, Min 張敏. 1998.《認知語言學與漢語名詞短語》。北京：中國社會科學出版社。

Zhang, Min 張敏. 2010.《"語義地圖模型"：原理、操作及在漢語多功能語法形式研究中的運用》,《語言學論叢》42：3—60。

Zhang, Yuansheng & Xiaohang Qin 張元生、覃曉航. 1993.《現代壯漢比較語法》。北京：中央民族學院出版社。

Zheng, Yiqing 鄭貽青. 1996.《靖西壯語研究》。北京：中國社會科學院民族研究所。

Zhou, Benliang et al. 周本良、沈祥和、黎平、韋玉娟. 2006.《南寧市下郭街官話同音字彙》,《桂林師範高等專科學校學報》20.2：1—8。

後　記

2007 年 3 月，我首次踏足南寧，和廣西大學幾位老師商談合作計劃。那次訪問雖然只有短短四天，卻意義深遠，因爲它開啟了我隨後六年的廣西粵語方言調查之路。在那六年間，我有幸得到香港特別行政區研究資助局的贊助（計劃編號 CityU♯144507，主持人：郭必之），多次走訪南寧市，也到過附近的石埠鎮、壇洛鎮、賓陽縣、武鳴縣，以及桂北的賀州桂嶺地區做調查。我的調查重點是廣西粵語方言幾個獨特的語法結構。南寧即其中一個代表點。在音系上，南寧粵語跟香港粵語（本人母語）的差別不算非常明顯；但在語法上，南寧粵語卻擁有大量異於香港粵語，甚至其他粵語方言片的結構，而那些結構大部分都源於語言接觸。我的研究興趣包括漢語方言學和接觸語言學。南寧粵語同時涉及這兩個領域，所以它一直吸引著我。

本書由七個章節和兩個附論構成。除第一章和第七章外，其他部分都曾經在學術期刊或論文集上發表過。詳情如下：

● 第二章《南寧粵語［述語—賓語—補語］語序的來源——兼論桂中地區民族語言相關結構語序的變異》：由（1）《語言接觸中的語法變化：南寧粵語"述語 ＋ 賓語 ＋ 補語"結構的來源》（收錄於 *Diachronic Change and Language Contact － Dialects in South East China*, eds. by Hung-Nin

Samuel Cheung and Song-Hing Chang, pp. 201 － 216.
Hong Kong: The Chinese University Press of Hong
Kong, 2010)及(2)《語言接觸的兩種類型——以桂中地區諸
語言述補結構帶賓語的語序爲例》(收錄於潘悟雲、沈鍾偉編
《研究之樂:慶祝王士元先生七十五壽辰論文集》,頁 143 －
154。上海:上海教育出版社,2010)兩文合併修訂而成;

- 第三章《語言接觸與南寧粵語的狀貌詞》:由《從南寧粵語
  的狀貌詞看漢語方言與民族語言的接觸》(收錄於《民族語
  文》2012 年第 3 期,頁 16－24)一文改訂而成;

- 第四章《方式助詞在廣西漢語方言和壯侗語中的擴散——
  源頭、過程及啟示》:由同名文章(收錄於石鋒、彭剛主編
  《大江東去——王士元教授八十歲賀壽論文集》,頁 521－
  540。香港:香港城市大學出版社,2013)改訂而成。該文
  第一作者是黃陽,本人爲第二作者;

- 第五章《南寧粵語動詞前置成分"得"的來源及其多功能
  性》:改譯自 "Poly-functionality of the preverbal 'ac-
  quire' in the Nanning Yue dialect of Chinese: an areal
  perspective"(*Bulletin of the School of Oriental and Af-
  rican Studies* 74. 1:119－137,2011)一文。該文的合作者
  爲錢志安(Andy C. Chin)及鄒嘉彥(Benjamin K. Tsou);

- 第六章《南寧地區語言"去"義語素的語法化與接觸引發的
  "複製"》:由同名文章(收錄於《語言暨語言學》第 15 卷第
  5 期,頁 663－697,2014)改訂而成;

- 附論一《粵語"陽入對轉"同源異形詞的底層來源》:由《粵語
  "陽入對轉"詞的底層來源》(《民族語文》2008 年第 4 期,頁
  51－60)一文改訂而成。該文的合作者爲錢志安及鄒嘉彥;

● 附論二《粵語方言三個全稱量化詞的來源和語法化》：由同
名文章（收錄於吳福祥、汪國勝主編《語法與語法化研究
[七]》，頁 25－56。北京：商務印書館，2015）改訂而成。
該文的合作者爲李寶倫。

由於原稿的寫作時間有一定跨度，又收錄在不同的刊物裏，因此
體例不盡一致。爲了這本書的出版，我花了好幾個月對原文進行
修訂、潤飾、删除重複的章節，並增補了一些最近出版的相關著
作。當然，可以補强的空間應該還有不小，請讀者不吝指正！

　　此書可算是我對南寧粵語語法研究的一個小總結。這裏特
別感謝廣西大學的林亦教授和覃鳳余教授。没有她們的協助，調
查根本無法進行。她們惠贈的《廣西南寧白話研究》是我寫作時
必備的參考書；感謝帶領我進入漢語方言學領域的丁邦新、何大
安、楊秀芳、張洪年、張雙慶（漢語拼音序，下同）諸位老師。在他
們身上學到的除了方言學的知識外，還有待人接物的道理；也要
感謝黄陽、李寶倫、錢志安和鄒嘉彦。本書第四章、第五章、附論
一、附論二是我和他們合作的成果。他們時常激勵我從不同的角
度思考問題，使我獲益良多。我還要向以下各位致謝：黎奕葆花
了大量時間爲全書做校訂，並統一體例；尤盛幫我把原文爲英語
的第五章翻譯爲漢語；陳小燕、鄧思穎、洪波、片岡新（Kataoka，
Shin）、李錦芳、李連進、李行德、林華勇、劉丹青、歐陽偉豪、覃東
生、覃遠雄、吳福祥、莊初升諸位則審閱過本書其中幾章的初稿，
並有所指正。最後，我以本書獻給我的家人。感謝他們一直以來
的照顧，爲我提供一個安静的環境，使我能專心做研究工作。

郭必之

2018 年 12 月 26 日於香港薄扶林